HARALD LESCH
URSULA FORSTNER

# EIN PHYSIKER UND EINE PHILOSOPHIN SPIELEN MIT DER ZEIT

## MIT EINEM VORWORT VON KARLHEINZ A. GEISSLER

Patmos Verlag

**VERLAGSGRUPPE PATMOS**
**PATMOS**
**ESCHBACH**
**GRÜNEWALD**
**THORBECKE**
**SCHWABEN**
**VER SACRUM**

Die Verlagsgruppe
mit Sinn für das Leben

Für die Schwabenverlag AG ist Nachhaltigkeit ein wichtiger Maßstab ihres Handelns. Wir achten daher auf den Einsatz umweltschonender Ressourcen und Materialien.

Alle Rechte vorbehalten
© 2019 Patmos Verlag,
ein Unternehmen der Verlagsgruppe Patmos
in der Schwabenverlag AG, Ostfildern
www.patmos.de

Umschlaggestaltung: Finken & Bumiller, Stuttgart
Gestaltung, Satz und Repro: Schwabenverlag AG, Ostfildern
Druck: CPI books GmbH, Leck
Hergestellt in Deutschland
ISBN 978-3-8436-1125-1 (Print)
ISBN 978-3-8436-1141-1 (eBook)

# Inhalt

**Eine Frage der Zeit**
Vorwort von Karlheinz A. Geißler   *7*

**Gespräche über Zeit**   *13*
  Aus der Zeit gefallen   *14*
  Zeit gibt es nicht   *17*
  Zeit gibt es doch – aber anders   *19*
  Wo ist die Zeit?   *22*
  Die Zeit muss landen!   *25*
  Zeit im »Hochstapelregal« der Physik   *28*
  Noch im Mittelalter?   *32*
  Wir leben in Zeiträumen, nicht in Zeitpunkten!   *35*
  Im Märzen der Bauer …   *38*
  Ist die Zeit teilbar?   *40*
  Zeit ist aufeinanderfolgendes Werden   *43*
  Zeit ist atomar!?   *46*
  Kommt die Zeit in Paketen?   *49*
  Was wir messen können – oder auch nicht   *52*
  Jetzt aber mal exakt!   *55*

Die Zeit ist grau geworden  58

Die Zeit ist bunt!  61

Unsterbliche Vergangenheit:
Einheitsbrei oder Abenteuer?  63

Vom kreativen Sturz in die Zukunft  66

Es wird schon irgendwas kommen ...  68

Der Blick in die Zukunft  71

Zukunft 4.0 – die Abstraktion wird immer abstrakter  74

Fußnoten zu Platon  77

Alles fließt: Teil I  79

Stehende Gewässer der Zeit  81

Alles fließt: Teil II  84

Irgendetwas passiert immer!  89

Die Gottesfrage? Vertagt!  91

Takt und Rhythmus  93

Es dauert, solange es dauert!  99

**Whitehead, warum er?
Schlusswort von Harald Lesch**  105

**Literatur**  *107*

... über Whitehead   *107*

... von Whitehead   *108*

**Glossar**   *110*

**Anmerkungen**   *114*

**Die Gesprächspartner**   *117*

... des echten Dialogs   *117*

    Karlheinz A. Geißler   *118*

    Harald Lesch   *119*

... des fiktiven Dialogs   *117*

    Alfred N. Whitehead   *120*

    Ursula Forstner   *121*

# EINE FRAGE DER ZEIT
## VORWORT VON KARLHEINZ A. GEISSLER

Zeit ist eine Trivialität. Keine Trivialität aber ist es, über sie nachzudenken, sie zu diskutieren und von ihr zu reden. Zeit ist für die Menschen, was das Wasser für die Fische ist. Sie schwimmen darin, ohne sich Gedanken zu machen, in was sie sich da eigentlich bewegen. Was die Menschen jedoch von den Fischen unterscheidet, ist ihre Fähigkeit, sich über jenes Element, in dem sie sich bewegen, Gedanken zu machen. Nichts ist uns selbstverständlicher als die Zeit, und trotzdem machen wir uns nur relativ selten grundlegende Gedanken über sie. Wer das jedoch tut und sich traut, den eigenen Zeithorizont dabei zu überschreiten, wird relativ rasch feststellen, dass »Zeit«, wie auch die Liebe und das Vertrauen, zu jenen flimmernden, undurchschaubaren und unfassbaren Phänomenen gehört, deren Gehalt und Bedeutung einem mehr und mehr entgleitet, je näher man ihnen kommt.

Der Mensch besitzt keinen Zeitsinn. Ein Mangel, der ihn zwingt, sich von der Zeit Bilder zu machen, sich die Zeit vorstellen zu müssen. Die Vorstellungen von der Zeit, die nicht nur Vorstellungen bleiben, sondern auch das Zeithandeln prägen und beeinflussen, haben sich im Laufe der Zivilisationsgeschichte immer wieder verändert. Diese Veränderungen gingen von unterschiedlichen Mächten aus, von der weltlichen Herrschaft, den Kirchen und jenen einflussreichen Personen, die im Bereich der Wirtschaft das Sagen hatten. Wer in der abendländischen Zeitkultur in den letzten 500 Jahren nach einem Ab- und einem Vorbild für Zeit Ausschau hielt, wurde regelmäßig darauf verwiesen, dass die Zeit in der Uhr abgebildet ist. Was schließlich u. a. dann dazu führte, dass Zeiterfahrungen, die nicht mit der mechanisch hergestellten Zeit der Uhr in Einklang standen, zu Zeitproblemen wurden.

Zwischen dem, was wir uns unter Zeit vorstellen, und dem, was Zeit tatsächlich ist, liegt ein breites Feld weitreichender Unbestimmtheit. Wie bis dato niemandem der Nachweis gelang, dass es Engel wirklich gibt, so fehlt auch der abschließende Beweis für die Existenz der Zeit. Bewiesen ist bis heute jedoch ebenso nicht, dass es die Zeit und die Engel nicht gibt. Kurzum: Geht's um Zeit, ist noch vieles offen und ein ganze Menge unklar.

Meine sechsjährige Enkelin Lou erklärt mir auf meine Frage, wie sie sich »Zeit« vorstellt: »Die Zeit, die gibt's gar nicht, die gibt's nur im Gehirn – gleich neben den Träumen.« Besser kann man nicht beschreiben, dass Zeit eine Vorstellung ist. Der italienische Kulturjournalist Armando Torno sieht in ihr ein trügerisches Phänomen: »In der Schweiz wird sie hergestellt, in Frankreich steht sie still, in Italien verschwendet man sie, in Amerika gilt sie als Geld, in Indien gibt es sie nicht. Für mich ist die Zeit ein Trug« (La truffa del tempo, Milano 2000). »Trug oder nicht Trug?«, das ist die Frage, die die Zeit uns immer wieder von Neuem stellt. Deshalb müssen wir über sie reden und diskutieren und uns über sie streiten, obgleich es wahrscheinlich ist, dass sich, was »Zeit« wirklich ist, erst aus dem Grab heraus genauer beschreiben lässt. Von dort aber ist bisher noch keine Hilfe angekommen. Halten wir es daher weiterhin mit

Aristoteles, für den die »Zeit« das ist, was nicht gedacht werden kann, aber zu denken gibt.

Whitehead ist einer jener Geistesgrößen, der Gedanken, Vorstellungen und Begriffe entwickelte, die die Tiefe, die Vielfalt und die Reichhaltigkeit unseres Zeitverständnisses und unserer Zeitsicht aufschließen und erweitern. Er zählt zu den heute rar gewordenen Personen, die Diskussionen und Gespräche nicht dann für gelungen halten, wenn sie schnell beendet sind. Deshalb auch, und das macht das Anregungspotenzial von Whiteheads Überlegungen und Ausführungen aus, überschreitet sein Nachdenken über »Zeit« häufig die Grenzen zwischen Wissenschaft und Leben und hin und wieder auch die zwischen Wissenschaft und Kunst. Dogmatische Wahrheitsansprüche sind ihm fremd. Zeit ist für ihn keine einfache Reihe von Zeitpunkten, wie wir uns diese, verführt durch die Uhrenlogik und auch zuweilen durch die Naturwissenschaften, gewöhnlich vorstellen. Whitehead revidiert unser wirkmächtiges mechanistisches Bild von »Zeit« mit dem Hinweis, dass diese sich nicht unabhängig von Ereignissen betrachten und verstehen lässt. Zeit ist mehr als das, was die Uhr misst, und auch mehr, als der »Uhrzeitmensch« daraus macht.

Whitehead ist ein Liebhaber des Dazwischen. Sein Denken osziliert zwischen Abstraktem und Konkretem, zwischen Ernsthaftigkeit und Humor und zuweilen auch zwischen Wissenschaft und Unterhaltung. Zwischenzeiten gliedern die Zeit und das Leben, das Tun, die Wahrnehmung und die Gefühlswelten. Sie organisieren Zeiterfahrungen, schaffen Differenzen und rhythmisieren Handlungsvollzüge.

Zwischenzeiten verkehren wie Flussfähren zwischen einem Hüben und einem Drüben. Sie verbinden, wie eine Brücke, die festen Ufer des Diesseits mit jenen des Jenseits und trennen sie zugleich. Die Zeiten des Dazwischen siedeln in den

Leerräumen, in den Leerstellen zwischen dem »nicht mehr« und dem »noch nicht«. Diese Zwischenzustände des Vagen und Schwebenden erschließen den Menschen die Möglichkeit, zwischen Vergangenem und Zukünftigem, zwischen Diesseits und Jenseits, Altem und Neuem, hier und dort unterscheiden zu können.

Räume und die Zeiten des »Dazwischen« geben dem Alltag einen Rhythmus, verleihen ihm Klang, Farbe und Atmosphäre. Das »in between« gliedert die Zeit, organisiert und ordnet Zeiterfahrungen, setzt Schlusspunkte, markiert Anfänge und schafft damit Frei- und Spielräume. In diesen zeitlichen Zwischenwelten, in diesen Faltungen siedeln sich Tagträume, Fantasien und kreative Kräfte an und breiten sich dort aus. Durch den Zwischenraum, den der Riss im festen Mauerwerk bildet, scheint das Licht. Whitehead wörtlich: »Das Leben liegt in den Zwischenräumen jeder lebenden Zelle (...) verborgen.«[1] Gesungen von Leonard Cohen: »There is a crack in everything, that's how the light gets in.«

Wir haben die Welt inzwischen zur Genüge beschleunigt. Es kommt jetzt darauf an, sie zu begreifen und zu lieben. Whitehead ist dabei ein guter und ein äußerst angenehmer Begleiter. Wenn es stimmt, was Heimito von Doderer behauptet, dass uns »das Leben vor die Wahl stellt, als Philosophen belehrt oder als Tiere dressiert werden zu wollen«, und wenn einem die Dressur nicht allzu attraktiv erscheint, dann sollte man sich Whitehead zum Lehrer nehmen.

# GESPRÄCHE ÜBER ZEIT

# Aus der Zeit gefallen

**Whitehead:** Wie haben Sie mich gefunden?
**Forstner:** Einfach war es nicht!
**Whitehead:** Das kann ich mir vorstellen! Umso mehr freut es mich, dass Sie da sind. Ich habe nur noch selten Besuch.
**Forstner:** Dann haben Sie nichts dagegen?
**Whitehead:** Ganz und gar nicht! Was kann ich für Sie tun?
**Forstner:** Ich möchte mit Ihnen reden.
**Whitehead:** Tun wir das nicht schon?
**Forstner:** Über Ihre Philosophie.
**Whitehead:** Sie kennen sie? Gibt es meine Bücher denn noch?
**Forstner:** Ja, natürlich! Ihre Bücher wurden mittlerweile in viele Sprachen übersetzt. Allen voran Ihr Hauptwerk *Process and Reality*.
**Whitehead:** Ach, die armen Übersetzer! Sprache habe ich immer als Hemmschuh empfunden, nur mit Metaphern und Wortneuschöpfungen konnte ich so einigermaßen ausdrücken, was ich eigentlich meinte.[2]
**Forstner:** Für Ihre technischen Begriffe sind Sie ja fast schon berühmt-berüchtigt.
**Whitehead:** So schlimm? Oh je ...
**Forstner:** Nun ja, wenn ich an Begriffe wie *actual entity* oder *extensive continuum*\* denke ..., die sind nicht ohne Weiteres zu verstehen, und sie zu übersetzen, ist vielleicht sogar unmöglich.
**Whitehead:** Nein, nein, vom Unmöglichen sollte man nicht ausgehen. Sprache ist ohnehin immer nur eine Annäherung an Gedanken. Da gilt es, kreativ zu bleiben! Letztlich ist es belanglos, in welcher Sprache man sich einem Gedanken nähert.

---

\* Vgl. Glossar

**Forstner:** Ihren Gedanken! Das eben möchte ich versuchen: Ihre Gedanken in meiner Sprache ausdrücken.
**Whitehead:** Aber Sie sagten doch, dass es mittlerweile Übersetzungen gibt.
**Forstner:** Das schon, aber ...
**Whitehead:** ... wenn das Original unverständlich ist, bleibt es die Übersetzung zwangsläufig auch.
**Forstner:** Ich wollte Sie nicht beleidigen.
**Whitehead:** Keine Angst, das haben Sie auch nicht. Ich höre diesen Vorwurf nicht zum ersten Mal, und er ist ja auch berechtigt.
**Forstner:** Ihre Bescheidenheit ist uns übrigens auch im Gedächtnis geblieben ...
**Whitehead:** Das nehme ich gerne als Kompliment!
**Forstner:** Ja, bitte! Was mir vorschwebt, ist so etwas wie »Whitehead ohne technische Begriffe«.
**Whitehead:** Es käme auf einen Versuch an ...
**Forstner:** Helfen Sie mir dabei?
**Whitehead:** Gerne! – Was haben Sie da mitgebracht?
**Forstner:** Ein Aufnahmegerät, damit kann man Gespräche aufzeichnen und wiedergeben.
**Whitehead:** So klein? Zu meiner Zeit hätte man daran schwer geschleppt.
**Forstner:** Ja, es hat sich einiges getan ... Und damit wären wir eigentlich auch schon beim Thema.
**Whitehead:** Veränderung?
**Forstner:** Zeit!
**Whitehead:** Ein Begriff, der oft mehr verschleiert als erklärt.
**Forstner:** So ähnlich sieht das Professor Karlheinz Geißler auch.
**Whitehead:** Karlheinz Geißler?
**Forstner:** Ein Zeitforscher aus meiner Zeit.
**Whitehead:** Schade, dass ich nicht mehr mitreden kann.

**Forstner:** Ja, normalerweise nicht. Aber gibt es nicht immer den Einzelfall, die Ausnahme? Und deswegen bin ich hier!
**Whitehead:** Das klingt spannend. Dann sind wir sozusagen aus der Zeit gefallen?
**Forstner:** In gewissem Sinne ..., und dieses Aufnahmegerät hilft uns dabei.
**Whitehead:** Um unser Gespräch aufzuzeichnen?
**Forstner:** Das auch, aber ich habe Ihnen ein Gespräch zwischen Karlheinz Geißler und Harald Lesch mitgebracht.
**Whitehead:** Kenne ich leider auch nicht.
**Forstner:** Professor Harald Lesch ist Astrophysiker. Er schätzt Ihre Philosophie sehr.
**Whitehead:** Wirklich? Die Physik ist doch eher der Meinung, dass sie keine Philosophie braucht. Hat sich daran etwas geändert?
**Forstner:** Im Großen und Ganzen wohl nicht ...
**Whitehead:** Ideen müssen oft lange schlummern, bis ihre Zeit kommt. – Sind Sie sicher, dass dieses Gerät hier auch funktioniert?
**Forstner:** Sollen wir es ausprobieren?
**Whitehead:** Nur zu!

# Zeit gibt es nicht

**Lesch:** Erst gestern in einem Seminar über den Urknall ist mir wieder aufgefallen, dass es einen riesen Unterschied gibt zwischen Raum und Zeit. Ich kann die Leute prima wegschicken, wenn ich ein Raumproblem habe, also wenn ich merke, ich hab keine Plätze mehr, dann sag ich: »Tut mir leid, Sie müssen jetzt gehen!« Ein Zeitproblem ist viel schwieriger zu lösen.
**Geißler:** Wenn du mit Leuten die Zeit nicht verbringen willst?
**Lesch:** Ja, zum Beispiel.
**Geißler:** Dann musst du auch sagen, es geht nicht. Aber dann verlässt er nicht die Zeit, sondern den Raum.
**Lesch:** Genau. Die Zeitdimension hat bei uns Physikern ja das große Problem, dass sie nicht so ordentlich mit dem Raum, mit den Raumdimensionen zusammengebracht werden kann, es sei denn, du multiplizierst sie mit einer Geschwindigkeit. Zum Beispiel legt Licht in einer Sekunde 300.000 Kilometer zurück. Das Licht der Sonne braucht acht Minuten für die Entfernung zwischen Erde und Sonne. Und wenn wir 100 km/h hören, dann wissen wir, da fährt jemand 100 Kilometer in einer Stunde.
**Geißler:** Aber wir bringen Zeit doch permanent mit Raum in Verbindung. Das ist unsere Form, sich Zeit vorzustellen, und wir können uns die Zeit sowieso nur metaphorisch vorstellen. Die Uhr zeigt ja nichts anderes an als räumliche Veränderung. Räumliche Veränderungen werden in Zeitkategorien ausgedrückt.
**Lesch:** Das ist interessant, denn in der Physik machen wir es genau umgekehrt. Für uns geht es ja immer um den Abstand zwischen Ereignissen: Es gibt ein Ereignis A, und das mag ein Ereignis B verursachen. Das heißt, wir haben einen Abstand zwischen diesen beiden Ereignissen, und der ist nicht nur räumlich, sondern natürlich auch zeitlich.
**Geißler:** Es gibt früher und später.

**Lesch:** Genau. Damit wir aber damit rechnen können – und wirklich gut rechnen können wir mit Länge, Höhe und Breite –, versuchen wir die Zeit, die zwischen zwei Ereignissen vergeht, ebenfalls in eine Länge zu verwandeln, indem wir sie mit einer Geschwindigkeit multiplizieren. Wie schon gesagt, Lichtsignale laufen mit 300.000 Kilometer pro Sekunde, deshalb braucht die Strahlung eines Sterns, der vier Lichtjahre von uns entfernt ist, eben vier Jahre bis zu uns. Und so verbinden wir die Zeit eben immer auch mit Raum, wir verräumlichen die Zeit ständig, wir können gar nicht anders.

**Geißler:** Ja, um die Länge dann zurück in Zeit zu verwandeln. Weil man sich die Zeit gar nicht anders vorstellen kann, deshalb muss sie verräumlicht werden. Das macht jeder normale Mensch auch, nicht nur ihr Physiker.

**Lesch:** Ja, genau. Aber woran liegt das? Liegt das daran, dass es keine andere Möglichkeit gibt, sich Zeit vorzustellen als eben in Raumform?

**Geißler:** Ja, das ist richtig, denn die Zeit gibt es nicht, das hat ja Einstein auch schon sehr deutlich gesagt: Zeit gibt es nicht! Zeit ist nur eine Vorstellung von Zeit!

**Lesch:** Zeit ist nur eine Vorstellung von Zeit …

**Geißler:** … und die Frage ist dann, an was du die Vorstellung festmachst. Die ganze Zeitgeschichte besteht darin, dass du die Vorstellung veränderst. Und zwar verändern die Mächtigen die Vorstellungen, und die anderen müssen dran glauben.

**Lesch:** Wir können uns dann die Zeit auch nicht nehmen?

**Geißler:** Nein, dazu sind wir zu ohnmächtig.

**Lesch:** Also, da kann man nichts machen …

# Zeit gibt es doch – aber anders

**Forstner:** Ich halte die Aufnahme hier mal an.
**Whitehead:** Geht das denn so einfach? Das Gerät hat ja nicht einmal richtige Knöpfe!
**Forstner:** Klar!
**Whitehead:** Erstaunlich …
**Forstner:** Zeit gibt es nicht! Zeit ist nur eine Vorstellung von Zeit! Sehen Sie das auch so?
**Whitehead:** Nun, wir müssen unterscheiden zwischen dem, was konkret in der Welt vorkommt, und dem Abstrakten, das nur in unserem Denken vorkommt. Das heißt meiner Ansicht nach aber nicht, dass es das Abstrakte nicht gibt, denn unser Denken gibt es ja. Zeit ist solch eine Abstraktion und als solche gibt es sie. Konkret in der Natur ist sie jedoch nicht. Konkret sind nur Ereignisse.
**Forstner:** Sie sind immer sehr kritisch gewesen, wenn es um Abstraktionen ging, Stichwort *Fallacy of Misplaced Concreteness*\*.
**Whitehead:** In Ihrer Sprache wird daraus wohl der *Trugschluss der deplatzierten Konkretheit.* Für diesen sperrigen Begriff sollte ich mich vermutlich nachträglich noch entschuldigen. Wer denkt schon an die Übersetzbarkeit, während er noch mit der eigenen Sprache kämpft …
**Forstner:** Was hat es mit diesem Fehler oder Trugschluss auf sich? Was ist falsch an Abstraktionen?
**Whitehead:** Nichts! Ich wollte lediglich davor warnen, etwas Abstraktes für etwas Konkretes zu halten. Das Abstrakte können wir zwar denken, aber wir sollten nie vergessen, dass es nicht konkret in unserer Welt vorkommt. Es ist im Grunde nichts verkehrt an einer Abstraktion, ganz im Gegenteil, wir

---
\* Vgl. Glossar

brauchen abstrakte Begriffe, um die Fülle unserer Erfahrungen zu bündeln und zusammenzufassen. Wir müssen immer wieder vom Einzelfall abstrahieren, keine Frage, aber wir sollten nie die Abstraktion mit dem konkreten Einzelfall verwechseln, sonst bleibt viel von dem auf der Strecke, was für unsere Realität wichtig ist.
**Forstner:** Und was machen wir nun mit dem abstrakten Begriff Zeit?
**Whitehead:** Ich habe es immer als eine der Hauptaufgaben der Philosophie betrachtet, unsere Abstraktionen kritisch zu hinterfragen.[3] Das sollten wir auch mit der Abstraktion Zeit machen und uns fragen, ob das, was wir unter dem Begriff verstehen, uns wirklich weiterhilft. Ob der Begriff unser Erkennen und Verstehen befördert oder ob er mehr verschleiert als erklärt und wir uns damit vielleicht in eine Sackgasse manövriert haben, die uns keinen Zugang zur Welt dahinter erlaubt.
**Forstner:** Wir verräumlichen die Zeit, sagt Karlheinz Geißler.
**Whitehead:** Ja, das tun wir vermutlich bei allen abstrakten Begriffen, wenn wir versuchen, sie uns konkret vorzustellen. Und genau an diesem Punkt müssen wir aufpassen, denn indem wir einen abstrakten Begriff verräumlichen, geben wir ihm etwas Konkretes, nämlich einen konkreten Ort in der Welt. Und so wird ganz schnell aus dem Abstrakten etwas Konkretes.
**Forstner:** Wie zum Beispiel?
**Whitehead:** Wie zum Beispiel der vermeintlich einfache Punkt. Der Punkt, wie ihn die Mathematik kennt, hat per Definition keine Ausdehnung. Also kann er nicht konkret in der Welt vorkommen. Trotzdem zeichnen wir Punkte und geben ihnen damit einen konkreten Ort. Der steht ihm aber nicht zu, denn ein Punkt ist und bleibt eine mathematische Abstraktion, die nur in unserem Denken vorkommt.

**Forstner:** Verstehe ich Sie recht? Nur Ausgedehntes kann konkret in der Welt vorkommen?
**Whitehead:** Ja, ich denke, so ist es. Alles, was wir sind, was wir erfahren, alles, was die Welt konkret ausmacht, was sich ereignet, ereignet sich in einer gemeinsamen Welt. Und diese gemeinsame Welt ist eine Gesellschaft von Ausgedehntem.[4] Oder anders ausgedrückt: Unsere physische Welt ist bestimmt durch ausgedehnte, meinetwegen auch räumliche Relationen.[5]
**Forstner:** Also, wenn es in der konkreten Welt keine Punkte gibt, weil sie keine Ausdehnung haben, dann gibt es auch keine Zeitpunkte?
**Whitehead:** Genau! Zeitpunkte sind reine Abstraktionen, sie kommen in der Natur nicht vor.

# Wo ist die Zeit?

**Lesch:** Wo ist die Zeit? Ist das nicht eine herrliche Frage? Ist sie überall oder ist sie …?
**Geißler:** Als Jonas drei Jahre alt war, hat er mich mal gefragt: Schläft die Zeit auch? Das ist: Wo ist die Zeit?
**Lesch:** Genau!
**Geißler:** Wo ist die Zeit, wenn …?
**Lesch:** Was macht die Zeit, wenn …?
**Geißler:** Ja, das sind alles Vorstellungen der Vergegenständlichung eines Phänomens, das nicht vergegenständlicht werden kann. Aber das brauchen wir! Das ist unsere Denkform und gleichzeitig unsere Wahrnehmungsform. Wir gehen wie Kinder mit Zeit um, ganz naiv, weil wir gar keinen Bezug haben zu etwas anderem als diesem Naiven.
**Lesch:** Dann ist doch trotz aller Relativität – und in der Relativitätstheorie geht es ja nur um Uhrzeiten, also um den Vergleich von zwei Uhren, die sich mit unterschiedlicher Geschwindigkeit bewegen –, dann ist Zeit wirklich eine absolute Größe. Auch wenn wir keine Worte oder gerade weil wir keine Worte für sie finden, keine richtige Vergegenständlichung von ihr durchführen können. Sie ist ein Hintergrund, vor dem wir nicht weglaufen können, dem wir überhaupt in keiner Weise entgehen können. Räume dagegen können wir wechseln. Wir können von einem Ort zu einem andern gehen. Wir könnten sogar, wenn wir technisch dazu in der Lage wären, uns in einer ganz anderen Raumgeometrie aufhalten. Wenn wir zum Beispiel in die Nähe von einem Schwarzen Loch flögen, dann würden wir eine völlig andere Verräumlichung vor uns sehen. Wir könnten messen, dass die Lichtstrahlen um uns herum gebogen wären, so wie das in guten Science-Fiction-Geschichten ist.
**Geißler:** Ja.

**Lesch:** Und trotzdem kommen auch Besucher von Schwarzen Löchern nicht aus der Zeitfalle heraus. Die werden auch älter, zwar anders und langsamer älter als die, die da draußen sind, aber älter werden sie trotzdem. Nur die Zeit, die Uhrzeit vergeht langsamer bei demjenigen, der in der Nähe von so einem Schwarzen Loch ist. Aber an dem Phänomen der Verzeitlichung ändert sich nichts.
**Geißler:** Die Frage ist, ob wir Zeit dazu brauchen, als Begriff überhaupt oder als Denkkategorie. Dass wir älter werden, ist ja ein Produkt von Veränderung. Muss man das Zeit nennen, wenn sich etwas verändert? Das ist quasi nur eine Oberkategorie für Veränderungen. Brauchen wir diese Abstraktion auf Zeit? Oder könnte man die jeweilige Veränderung nicht auch konkret benennen? Es gibt Kulturen, die damit leben, überhaupt nicht auf diese Abstraktion Zeit zu gehen, sondern die Veränderung immer konkret zu benennen. In den meisten Fällen braucht auch unsere Kultur diese Abstraktion nicht, sondern wir könnten die konkrete Veränderung benennen. Das wäre auch viel sinnvoller. Dann würden wir nicht sagen: Die Zeit geht uns aus, wir haben keine Zeit, und solche Sprüche. All das würde dann wegfallen, wenn man es konkret benennen würde. Ich habe keine Zeit, heißt dann: Ich habe keine Lust jetzt oder: Ich habe etwas anderes vor.
**Lesch:** Das ist aber etwas ganz anderes.
**Geißler:** Das ist die Konkretion! Aber diese Abstraktion entlastet uns auch, zum Beispiel von Schuldgefühlen oder von langen Erklärungen, und deshalb flüchten wir teilweise in die Abstraktion.
**Lesch:** Es gibt keine schönere Absage als: Da habe ich keine Zeit.
**Geißler:** Ja!
**Lesch:** Denn wenn ich sage, ich habe keine Lust, du gehst mir auf die Nerven, dann ist das doch recht unfreundlich. Ich meine, die Kultur hat das doch schön gelöst.

**Geißler:** Mit Wittgenstein könnte man da weiter kommen: Warum gibt es diese Sprachspiele? Was bringt uns dieses Sprachspiel an Verwirrung und gleichzeitig an Klärung oder auch an Entschuldigung?
**Lesch:** Das ist doch eigentlich schön. Das hat schon einen Überlebensvorteil, ein bisschen abstrakter zu werden, dann muss man nicht so konkret werden.
**Geißler:** Ja, das ist klar, das hat schon was …
**Lesch:** … klar …
**Geißler:** … sonst wären wir ja nicht Wissenschaftler geworden!
**Lesch:** Eben!

# Die Zeit muss landen!

**Forstner:** Wie sehen Sie das, Herr Professor Whitehead? Wo ist die Zeit? Ist sie überall, als Hintergrund? Eine absolute Größe? Können wir auf den Begriff Zeit verzichten, wenn wir konkrete Veränderungen benennen?
**Whitehead:** Ich sehe Zeit nicht als etwas Absolutes. Sie ist kein Hintergrund, vor dem sich das konkrete Geschehen ereignet. Sie ist, wie gesagt, eine Abstraktion, die das konkrete Geschehen ausblendet, da bin ich mit Professor Geißler einer Meinung. Und diese Abstraktion kann durchaus hilfreich sein, das klang ja eben auch an. Ich glaube daher nicht, dass es sinnvoll ist, auf den Begriff Zeit zu verzichten, denn er bezeichnet ja etwas, auch wenn das nur etwas Abstraktes und nichts Konkretes ist. Stattdessen sollten wir genauer fragen: Was meinen wir mit dem abstrakten Begriff Zeit? Oder wie es Herr Geißler ausdrückt: Welche Vorstellung verbinden wir damit?
**Forstner:** Was bringt uns der Begriff Zeit in unseren Sprachspielen? Ich vermute, mit den Sprachspielen aus Wittgensteins Spätwerk sind Sie nicht vertraut?
**Whitehead:** Reden wir von Ludwig Wittgenstein?
**Forstner:** Ja, Wittgenstein gilt als einer der einflussreichsten deutschen Philosophen des 20. Jahrhunderts. Sie müssten ihn gekannt haben.
**Whitehead:** Flüchtig. Ein hitziger junger Mann, der sich nicht recht entscheiden konnte, ob er es sich schwer oder leicht machen sollte. Ist es ihm gelungen, noch einen Ausgleich zu finden?
**Forstner:** Er hat Sie nicht lange überlebt, und erst posthum ist jenes Werk erschienen, in dem er von den vorhin erwähnten Sprachspielen schreibt, die dann recht einflussreich waren.

Er hat in diesem Werk viel von seinen frühen Ideen zurückgenommen.
**Whitehead:** Ich hoffe, er hat zu guter Letzt doch noch sein inneres Gleichgewicht gefunden.
**Forstner:** Soweit bekannt ist, nicht ... Er hat wohl nie Ihre Ruhe und Güte ausgestrahlt.
**Whitehead:** Seien Sie nicht ungerecht, er hat ganz anderes durchgemacht als ich. Aus den Schützengräben des Ersten Weltkriegs kam wohl niemand unbeschadet wieder heraus, selbst wenn er körperlich unversehrt blieb ...
**Forstner:** ... Sie denken an Ihren Sohn?\*
**Whitehead:** Ja, aber das ist lange her ... Lassen Sie uns weiter über Zeit reden. Ich habe inzwischen ein wenig von Wittgensteins Sprachspielen gehört – so ganz weg von der Welt bin ich ja nun auch wieder nicht –, und soweit ich es beurteilen kann, geht es dabei vor allem um die Funktion von Begriffen. Ich vermute, dass man auch bei diesem Konzept irgendwann unweigerlich bei der Frage landet, was mit einem bestimmten abstrakten Begriff gemeint ist. So weit, so gut, aber an dieser Stelle dürfen wir nicht aufhören zu fragen! Mit der Bestimmung von Funktion und Bedeutung eines Begriffs sind wir nämlich noch lange nicht am Ende der Untersuchung angelangt. Denn jetzt gilt es zu fragen, ob das, was wir mit dem abstrakten Begriff meinen, auch wirklich Sinn macht. Wie gesagt, das war für mich immer eine der wichtigsten Aufgaben der Philosophie, unsere Abstraktionen zu hinterfragen und sie an unseren Erfahrungen zu prüfen.
**Forstner:** Ist das nicht Ihre Flugzeugmetapher?
**Whitehead:** Ja, ich habe tatsächlich mal meine Vorstellung von einer guten Erkenntnismethode mit dem Flug eines Flugzeugs verglichen.[6] Denn wir müssen ja immer auf dem Boden der Tatsachen anfangen, nämlich mit konkreten einzelnen

---
\* Whiteheads Sohn Eric war Flieger im Ersten Weltkrieg. Seine Maschine wurde abgeschossen.

Beobachtungen, Erlebnissen und Erfahrungen. Darin suchen wir dann das Gemeinsame, das Allgemeine, und dann müssen wir starten in die dünne Luft der Abstraktionen. Das ist durchaus ein schöpferischer Akt, und es kann mehr als nur *ein* Ergebnis geben. Und eben weil es auch andere Möglichkeiten gibt oder wenigstens geben könnte, dürfen wir nicht vergessen, auch immer wieder auf den Boden der Tatsachen zurückzukehren, zu landen. Wir müssen unsere Verallgemeinerungen, unsere Abstraktionen immer wieder anhand neuer Beobachtungen überprüfen und bereit sein, sie im Zweifelsfall zu ändern. Dieser letzte Schritt scheint mir stets zu kurz zu kommen. Selbst wenn eine Abstraktion oder gar eine ganze Theorie an den realen Beobachtungen scheitert, dann wird sie nur unter Qualen aufgegeben. Denken Sie nur an das geozentrische Weltbild! Dass wir so an unseren Weltbildern hängen, ist doch eigentlich dumm, denn damit berauben wir uns der Freude an neuen Erkenntnissen, die uns mehr bringen könnten als nur die Bestätigung bestehender Theorien.
**Forstner:** Und Sie denken, hinsichtlich des Phänomens Zeit könnten wir mehr begreifen, wenn wir unsere Abstraktionen, unsere Vorstellungen überprüfen würden?
**Whitehead:** Ja, durchaus!
**Forstner:** Und wo sollen wir da anfangen? Mit unserer alltäglichen Zeitvorstellung? Mit der Zeitvorstellung der Wissenschaften? Der Philosophie?
**Whitehead:** Vielleicht sollten wir mit der abstraktesten Zeitvorstellung anfangen, die wir haben, um sie dann schrittweise auf den Boden der Tatsachen zu bringen. Das ist vermutlich die Zeitvorstellung der Physik, wie sie bei Professor Lesch ja schon anklang.
**Forstner:** Gut, also dann: Lassen wir die Zeit landen!

# Zeit im »Hochstapelregal« der Physik

**Lesch:** In der Physik versucht man, Zeit zu objektivieren, so weit das nur irgendwie geht von kulturellen Traditionen, von Hoffnungen, von Visionen, von inneren Eindrücken, also vom Subjekt, abzusehen. Abstrakter als die physikalische Zeitvorstellung kann es überhaupt nicht werden.
**Geißler:** Ja, und dann kommt man auf so eine irrsinnige Vorstellung wie die Uhr.
**Lesch:** Genau, das ist das Resultat der Objektivierung der Zeit: die Uhr.
**Forstner:** Und dann gehen die Probleme los mit der Zeit.
**Lesch:** Ja, wir haben bei vielen Entwicklungen, die aus den Naturwissenschaften kommen, aufgrund dieser von vorneherein angestrebten Objektivierung ein Problem. Nämlich dass wir als Subjekte mit diesen objektivierten Begriffen und den daraus resultierenden Produkten zu tun haben, die auf uns überhaupt keine Rücksicht nehmen.
**Geißler:** In dem Fall ist die Objektivierung ja eine Mechanisierung. Die Uhr ist ein mechanisch operierender Gegenstand, der für die Objektivierung steht.
**Lesch:** Und heutzutage kann man es ja noch schlimmer machen. Man kann eine WLAN-Uhr haben, oder? Dann ist das noch nicht mal eine richtige mechanische Angelegenheit, sondern da kriegst du nur noch elektromagnetische Impulse.
**Geißler:** Du meinst diese Apple-Uhr? Da stellt sich die Frage: Ist das eigentlich eine Uhr? Und warum heißt die Uhr? Das ist doch eigentlich ein Computer, der nur das Prestige der Uhr haben möchte, indem er am Handgelenk getragen wird. Wenn du etwas am Handgelenk trägst, ist es im Gegensatz zum Fußgelenk keine Fessel.
**Lesch:** Es sind Handschellen!

**Geißler:** Oder das. – Aber die Uhr, die du am Arm trägst, ist aus der Geschichte heraus positiv besetzt. Denk an die Uhrengeschenke! Die ganze Geschichte zeigt, wie positiv die Uhr besetzt ist. Und diese positive Geschichte wird jetzt einfach marketingmäßig mitgeschleppt und auf einen Computer projiziert, den du am Arm trägst.
**Lesch:** Es ist schon interessant zu sehen, wie diese Unternehmen uns immer näher kommen. Bis jetzt waren diese Geräte noch ohne uns. Die Apple-Uhr ist der erste Computer, der sich so richtig um uns herum legt, und irgendwann hast du dann so ein Hologramm vor dir, das dir alles sagt: Heute ist der und der Tag, denk daran, tu dieses und jenes. Dann weißt du genau, was die Uhr geschlagen hat!
**Geißler:** Ja, das geht direkt über ins Implantat.
**Lesch:** Ja, genau, es ist einfach nur noch eine Frage der Zeit, wann wir uns alle »verapplen« lassen! Aber das ist wieder eine andere Geschichte …
**Geißler:** Das Interessante ist dabei die Integration von mechanischer in subjektive menschliche Zeit. Seit der Uhr sind wir ja quasi von unserer eigenen Zeit abgespalten, wir haben also zwei Zeiten. Unsere eigene Zeit gibt uns qualitativ die Veränderungen in unserem Körper an: Müdigkeit, Wachheit und so weiter sind alles Zeitkategorien, die die Veränderung unseres Körpers signalisieren. Diese Zeitsignale, die unser Körper oder die Natur ausstrahlt, werden seit 600 Jahren konfrontiert durch die Uhrzeit, die eben davon unabhängig ist. Das heißt, bei jeder Zeitentscheidung muss immer entschieden werden, an welchen Zeitsignalen orientierst du dich, an der subjektiven Zeit oder an der objektiven Uhrzeit – objektiven in Anführungsstrichen.
**Lesch:** Damit sind wir auch schon beim Unterschied zwischen Quantitäten und Qualitäten.
**Geißler:** Ja, genau. Wenn ich die Physik richtig verstehe, dann versucht ihr, die Qualität möglichst fernzuhalten.

**Lesch:** Wir haben mit Qualität in der Physik nichts zu tun! Wir sind eine qualitätsfreie Zone! Wir wissen, dass die Qualität, die wir in der Physik bringen, die höchste ist, die …
**Geißler:** … Qualität macht ihr selber!
**Lesch:** Das machen wir alles selber, genau, wozu brauchen wir denn …
**Geißler:** … okay …
**Lesch:** Aber Spaß beiseite, das ist schon richtig, für uns Physiker hat die Zeit keine Qualität.
**Forstner:** Gar keine? Überhaupt keine?
**Lesch:** Nichts! Nein! Bei uns hat überhaupt nichts Qualität! Wir würden immer sagen, die Natur – wenn wir uns als Naturforscher begreifen – weiß nichts von sich.
**Geißler:** Rechnet ihr euch eigentlich zu den Naturwissenschaften?
**Lesch:** Ja, ja, das sollten wir zumindest.
**Geißler:** Weil ihr sie rausgeschmissen habt, aus Schuldgefühlen!
**Lesch:** Na ja, man könnte auch sagen, wir haben so viel Respekt und Ehrfurcht vor der Natur, dass wir versuchen, sie möglichst eigenschaftsfrei zu behandeln.
**Geißler:** Ah ja!?
**Lesch:** Man könnte uns Physiker auch als Lageristen der Natur bezeichnen. Du kennst ja die Lageristen, das sind die Herrschaften in so grauen Kitteln, die ein paar Schraubenzieher und Kugelschreiber hier oben drin haben und die meistens mürrisch gucken.
**Geißler:** Ja, das sind …
**Lesch:** … typische Physiker! So ein Lagerist muss nämlich regelmäßig Inventur machen: Was ist denn in meinem Lager noch drin? Darin sind wir in der Physik sicherlich extrem gut gewesen, also bei der Inventur. Was für Teilchen gibt es? Was für Sterne gibt es? Und so geht das weiter auch in der Grundausstattung, in der ersten Schublade ganz unten. Was gibt es denn dort? Raum und Zeit!

**Geißler:** Versteh ich dich da richtig, dass die Physik ein Hochstapelregal ist?
**Lesch:** In einer Weise, ja, wir sind Hochstapler und wir stapeln ziemlich hoch! Wenn du dir überlegst, dass wir inzwischen so hoch stapeln, dass wir behaupten, wir könnten gleichzeitig in New York und in Lissabon je eine Nähnadel mit Lichtgeschwindigkeit aufeinander losschicken und wir können garantieren, dass sie sich 600 Millionen Mal in der Sekunde treffen. Das ist die Genauigkeit des Large Hadron Colliders*.
**Geißler:** Das freut mich, dass ihr das hingekriegt habt!
**Lesch:** Ich weiß nicht, für was es nützlich ist, aber da siehst du, wie hoch wir stapeln.
**Geißler:** Ja.
**Lesch:** Aber wer hoch steigt, kann ja tief fallen. Nicht?
**Geißler:** Ja, ja, ein Hochstapellagerist …

---

* So heißt der große Teilchenbeschleuniger der Europäischen Organisation für Kernforschung CERN in der Schweiz.

# Noch im Mittelalter?

**Whitehead:** Herrlich! Ich kenne keinen Physiker aus meiner Zeit, der sich selbst so auf die Schippe nehmen konnte.
**Forstner:** Ich seh schon: Sie hätten sich gut mit den beiden verstanden.
**Whitehead:** Bestimmt! Bei uns wurden Erkenntnisse und Meinungen oft mit einer Ernsthaftigkeit und Feierlichkeit vorgetragen, die ich unerträglich fand. Das war völlig unnatürlich! Wenn der Humor abhandenkommt, sollte man misstrauisch werden, denn dann wird es schnell dogmatisch.[7] Wirklich schade, dass ...
**Forstner:** Vielleicht tut sich da ja doch etwas?
**Whitehead:** Ja, vielleicht, jedenfalls geht das Abenteuer der Ideen weiter.[8]
**Forstner:** Eine neue Idee von Zeit?
**Whitehead:** Sollten wir nicht erst einmal nachsehen, was hinter der Zeitvorstellung der Physik eigentlich steckt?
**Forstner:** Oh, da bin ich wohl etwas voreilig ... also erst einmal analysieren und dann erst meckern und nach Alternativen fragen. Was also ist in der Physik schief gelaufen?
**Whitehead:** So negativ würde ich es gar nicht ausdrücken. Die Naturwissenschaften haben uns viel erklären können, aber sie sind zu dogmatisch. Sie sind mit ihrer Weltsicht im 17. Jahrhundert stecken geblieben und betrachten materielle Objekte immer noch als die grundlegenden Einheiten unseres Universums. Dieses mechanisch-materialistische Weltbild prägte zu meiner Zeit alle Bereiche der Gesellschaft. Gehe ich recht in der Annahme, dass das bei Ihnen immer noch so ist?
**Forstner:** Ja, durchaus – leider.
**Whitehead:** Ich habe ja immer wieder versucht, das, was in diesem Weltbild üblicherweise als Materie verstanden wird, als recht fragwürdige Abstraktion zu entlarven.[9]

**Forstner:** Ja, Sie wollten die Materie abschaffen![10]
**Whitehead:** Eine etwas radikale Formulierung, aber es trifft die Sache durchaus.
**Forstner:** Wenn ich es recht verstanden habe, dann ist das ein ganz wichtiger Punkt in Ihrer Philosophie. Aber ich sehe nicht recht, was die Entthronung der Materie mit unserem Thema Zeit zu tun hat.
**Whitehead:** Sie haben Recht, das führt uns ziemlich weit. Sie haben vermutlich nicht so viel Zeit mitgebracht.
**Forstner:** Nein, nein, die Standardausrede »Keine Zeit« möchte ich nun wirklich nicht bemühen. Ich würde nur gerne vermeiden, dass es ...
**Whitehead:** ... kompliziert wird?
**Forstner:** Nun ja, ich hatte mir beim Lesen Ihrer Bücher oft gewünscht, Sie hätten es uns Lesern einfacher gemacht.
**Whitehead:** Sie dürfen keine einfachen Antworten auf weitreichende Fragen erwarten.[11] Und im Thema Zeit spiegelt sich die gesamte Komplexität der Welt wider. Das muss sich dann auch in der Antwort zeigen.
**Forstner:** Alles andere wäre wohl kindisch ...
**Whitehead:** ... oder mittelalterlich wie die materialistische Theorie.
**Forstner:** Wie das? Sie sagten doch eben, dass wir dieser Theorie seit dem 17. Jahrhundert anhängen, und das ist doch längst kein Mittelalter mehr.
**Whitehead:** Das nicht, aber im materialistischen Weltbild leben die Denkmuster des Mittelalters weiter. Da gibt es eine vollständige Antwort auf alles, sei es im Himmel oder in der Hölle oder in der Natur.[12] Und diese mittelalterliche Idee der Vollständigkeit und der guten Ordnung haben die Wissenschaften übernommen und sind dabeigeblieben, auch wenn die gute Ordnung mehr schlecht als recht zu den wirklichen Tatsachen passt.
**Forstner:** Aber Materie ist doch eine Tatsache.

**Whitehead:** Nein, das, was innerhalb des materialistischen Weltbilds unter Materie verstanden wird, gibt es in der Natur gar nicht, das ist wieder nur eine Abstraktion, ebenso wie die Zeit. Für viele wissenschaftliche Zwecke hat diese Abstraktion durchaus ihre Berechtigung, aber den Kern der Sache, das Wesen des Universums trifft das nicht.
**Forstner:** Da sind wir also wieder beim Trugschluss der deplatzierten Konkretheit?
**Whitehead:** Ja, das passiert uns ständig, dass wir etwas Abstraktes wie etwas Konkretes behandeln und dabei übersehen, was wirklich in der Welt vorkommt.
**Forstner:** Und das passiert, wenn wir über Materie reden?
**Whitehead:** Ja, genau, und jetzt kommen wir auch wieder zurück zum Thema Zeit, denn über das Abstraktum Materie, also über ein materielles Objekt, lässt sich hinsichtlich Zeit wenig sagen. Eigentlich nicht recht viel mehr, als dass es zu einer bestimmten Zeit *ist*. Nehmen Sie meinetwegen noch den für die Physik so wichtigen Raum dazu, dann können Sie über ein materielles Objekt sagen, dass es ist, wo es ist, in einer bestimmten Region im Raum und zu einer bestimmten Zeit – mehr nicht![13]

## Wir leben in Zeiträumen, nicht in Zeitpunkten!

**Forstner:** Und was ist daran verkehrt?
**Whitehead:** Nun, nichts, aber es ist wenig, viel zu wenig! Sie können zum Beispiel nichts über die Vergangenheit und über die Zukunft sagen. So etwas wie Erinnerung oder Erwartung kommt in den Naturwissenschaften nicht vor. Das sind aber reale Tatsachen, das entspricht unseren Erfahrungen. Wenn ich aber nur die Materie im Auge habe, dann muss ich sie leugnen. In der Physik gibt es weder Vergangenheit noch Zukunft, da gibt es nur Zeitpunkte, die man mittels Ursache und Wirkung zu verknüpfen sucht. So erhält man zwar ein punktuelles Früher und Später, aber noch längst keine Vergangenheit oder gar Zukunft mit allen dazugehörigen Bezügen. Die Wirklichkeit ist viel komplexer als das, was sich mit den Begriffen Materie und Zeitpunkte darstellen oder gar begreifen ließe.
**Forstner:** Da leugnen Sie doch lieber die Materie und halten sich an die erfahrbare Wirklichkeit?
**Whitehead:** Ja, so habe ich es immer gehalten. Denn Vergangenheit und Zukunft kommen in unserem Dasein, in unserem Erleben sehr real vor und sind offenbar mehr als nur Einbildung oder gar Unfug.[14] Mit materiellen Objekten lässt sich das aber nicht abbilden, also – so habe ich gefolgert – können materielle Objekte nicht die grundlegenden Dinge unseres Universums sein. Wobei – *Ding* ist jetzt natürlich ein missverständlicher Begriff, der lässt uns schon wieder an Materie denken – vielleicht sollte ich besser sagen *grundlegende Einheit* oder *grundlegender Sachverhalt*, meinetwegen auch *Basis* oder *Anfang*. Jedenfalls kann es sich bei diesem Grundlegenden nicht um ein materielles Objekt handeln, wie es die

klassische Physik annimmt. Diese träge Materie hat nur sekundäre Bedeutung auf entsprechender Abstraktionsstufe.
**Forstner:** Versuchen Sie jetzt, Ihrem zentralen Begriff *actual entity*\* aus dem Weg zu gehen?
**Whitehead:** Nun ja, ich möchte mir nicht wieder meine angeblich unverständlichen technischen Begriffe vorwerfen lassen. Sagen wir es so: Für mich sind konkrete Geschehnisse, Ereignisse, Prozesse die grundlegenden Einheiten unseres Universums. Materie ist doch erst das, was sich aus vielen einzelnen Ereignissen und Prozessen ergibt.
**Forstner:** Das sieht ja selbst die moderne Physik inzwischen so und schafft es doch nicht, sich vom materialistischen Weltbild zu verabschieden. – Aber haben wir das Thema Zeit jetzt nicht doch aus den Augen verloren?
**Whitehead:** Ganz und gar nicht, denn im Gegensatz zur Materie sind Ereignisse geprägt durch vielfältige Verbindungen zu Vergangenheit, Gegenwart und Zukunft. Bezogen auf materielle Objekte sind zeitliche Relationen etwas Äußerliches, wie gesagt: Das Ding ist eben, wo es ist, in einer bestimmten Region im Raum und während einer bestimmten und endlichen Zeit, kurz: zu einem bestimmten Zeitpunkt. Das ist eine reine Beschreibung von außen. Für ein Ereignis dagegen sind die raum-zeitlichen Relationen etwas Innerliches, denn diese Relationen machen das Ereignis zu dem, was es ist. Da entsteht aus einer Fülle von vergangenen Ereignissen ein konkretes neues Ereignis, das seinerseits mit einer Fülle paralleler Ereignisse wiederum in künftige Ereignisse eingeht. Ereignisse sind also etwas sehr Konkretes und Individuelles. Sie und nicht die passive Materie sind die Bausteine unserer komplexen Wirklichkeit. Gehe ich aber von Ereignissen statt von Materie aus, dann macht es keinen Sinn mehr von Zeitpunkten zu sprechen.

---
\* Vgl. Glossar

**Forstner:** Warum nicht?
**Whitehead:** Weil wir in Zeiträumen leben und nicht in Zeitpunkten![15]
**Forstner:** Können Sie das noch mal ...
**Whitehead:** ... erklären? Ich versuche es: Also ein Ereignis, ist in einem einzelnen Zeitpunkt nichts, da bleibt vom Ereignis wenn überhaupt, nur ein materielles Objekt übrig. Ein Ereignis dagegen braucht eine Dauer, braucht seinen ihm eigenen Zeitraum, um zu werden. Ein Zeitpunkt, also Zeit ohne Dauer, ist und bleibt eine Abstraktion und kommt in der konkreten Welt nicht vor. Den Zeitpunkt 12:15 Uhr gibt es nur auf der Uhr, in der Wirklichkeit finden wir nichts dergleichen.[16]
**Forstner:** Da gibt es eine Stelle im Gespräch zwischen Geißler und Lesch, wo es darum geht, wie unsinnig es ist, den Frühlingsanfang mit einem exakten Zeitpunkt erfassen zu wollen.
**Whitehead:** Das würde ich gerne hören.
**Forstner:** Mal sehen – hier müsste es sein.

# Im Märzen der Bauer …

**Lesch:** Gibt's denn Alternativen? Du hast es eben nur ganz kurz mal angesprochen, Kulturen, die anders mit Veränderung umgehen: Wie machen die das?
**Geißler:** Ja, du musst ja nicht »die Zeit« sagen, du sagst, jetzt ist Frühling oder so. Es ist doch wahnsinnig, wenn dir jemand im Fernsehen ankündigt, dass am 20. März um 23:45 Uhr der Frühling anfängt. Das ist doch eigentlich eine Meldung, die ins Irrenhaus gehört!
**Lesch:** Oh ja!
**Geißler:** Das ist völlig wahnsinnig!
**Lesch:** Aber das ist doch eine reine Konvention …
**Geißler:** … aber woher kommt die Konvention? Die kommt, weil die Physik sich völlig von der Qualität der Zeit loslöst und sich eine Abstraktion überlegt hat, und dann gibt es plötzlich drei Frühlingsanfänge: den meteorologischen am 1. März …
**Lesch:** … den astronomischen am 20. März oder auch mal am 21., wenn wir ein Schaltjahr haben, und noch einen …
**Geißler:** … ja, den phänologischen Frühlingsanfang, nach dem Entwicklungsstand der Pflanzen. Da ist es tatsächlich nicht gelungen, einen Zeitpunkt festzulegen, das ist ein Zugeständnis an die zyklische Natur. Und reicht das nicht auch, dass im Märzen der Bauer die Rösslein einspannt, für den Frühling?
**Lesch:** Heute spannt er auch kein Rösslein mehr ein, und wenn, dann sind es 600 Pferdestärken, die er unter der Haube hat. Stell dir mal vor, der würde 600 Rösslein einspannen! Das wär' mal 'ne Maßnahme! Aber Spaß beiseite, drei Frühlingsanfänge sind vielleicht zu viele, aber ist die Entdeckung von solchen regelmäßigen, also periodischen – ich weiß ja, dein Punkt ist immer der Unterschied zwischen Takt und Rhythmus – also von rhythmischen …
**Geißler:** … zyklischen …

**Lesch:** … also die Entdeckung von solchen zyklischen Veränderungen, ist das nicht eine der größten Entdeckungen, die man jemals gemacht hat? Die ja früher auch Sicherheit gegeben hat.
**Geißler:** Ja, ja, natürlich! Der Punkt ist nur, dass die elastisch sind, und das hat anscheinend gestört. Wir haben das Elastische wegrationalisiert, indem wir Pünktlichkeit anstelle von Elastizität gesetzt haben. Die Erfindung der Pünktlichkeit ist mit der Uhr in die Welt gekommen, der Mensch musste erstmal pünktlich gemacht werden, das heißt, der Mensch muss nun der Uhr angepasst werden und wird nicht mehr als Natur, als zyklisches Wesen verstanden.
**Lesch:** Gibt es eigentlich einen literarischen Text aus der Zeit vor der Uhr, der darüber berichtet, wie unerfreulich es ist, dass die Leute immer so unpünktlich waren?
**Geißler:** Nein.
**Lesch:** Ist das gar kein Thema gewesen?
**Geißler:** Nein, Pünktlichkeit ist eine Erfindung der Industriegesellschaft, das ist eindeutig. Auch die Schule wurde für die Verpünktlichung des Menschen eingeführt. Also die Menschen mussten pünktlich gemacht werden, das heißt, auf eine Organisation eingestellt werden, die eben nicht natürlich war. Das nennt man Bürokratie. Bürokratie ist umgesetzte Uhrzeit!
**Lesch:** Und seitdem wir immer mehr Bürokratie haben, haben wir auch immer weniger Zeit, obwohl immer mehr und mehr Bürokratie …
**Geißler:** Ja, man sieht ja, wie die Bürokratie selbst an die Grenzen stößt und wie sie in vielen Dingen mehr Probleme produziert, als sie löst. Dieses Pünktlichkeitssystem ist inzwischen an Produktivität ausgereizt.

# Ist die Zeit teilbar?

**Whitehead:** Wie lässt sich das Band anhalten?
**Forstner:** Hier – ein Band ist da allerdings schon lange nicht mehr drin.
**Whitehead:** Es ist leider gar nicht so einfach, noch auf dem Laufenden zu bleiben.
**Forstner:** Das ist es auch für uns nicht!
**Whitehead:** Also, das mit der Verpünktlichung gefällt mir! Das drückt recht gut aus, wie so etwas Abstraktes wie die Uhrzeit zu etwas Konkretem gemacht wird und damit eine Realität erhält, die ihm nicht zusteht. Im Universum gibt es keine Uhrzeit, und doch lassen wir sie unser Leben sehr konkret bestimmen. Sie offenbar noch mehr, als wir vor über einem halben Jahrhundert – obwohl, Pünktlichkeit galt damals als große, insbesondere als deutsche Tugend.
**Forstner:** Das hat sich, Gott sei Dank, etwas geändert. Wir sind gar nicht mehr so pünktlich. Wir rufen dafür ständig von überall her an und entschuldigen uns fortwährend fürs Zuspätkommen.
**Whitehead:** Von überall? Die Technik hat sich offensichtlich rasanter entwickelt, als wir das damals ahnen konnten. Wir waren gerade mal so weit, dass jeder Haushalt ein Rundfunkgerät besaß … Und so stelle ich die Aufnahme wieder an?
**Forstner:** Genau.

**Lesch:** Ist die Zeit teilbar? Das ist ja sehr genau gemacht worden, schon mit dem Zifferblatt. Und man arbeitet immer noch daran, die Zeit sehr präzise zu teilen.
**Geißler:** Ja, ich würde aber sagen, diese newtonsche Vorstellung von Zeit, also die permanente Präzisionsmachung des Mechanischen, kommt irgendwann an ihre Grenzen. Und das passiert jetzt auch in der Gesellschaft, denn die zunehmende

Verkleinteiligung der Organisation kommt ebenfalls an ihre Grenzen, und man merkt, man muss wieder elastischer werden, zyklischer werden, situativer werden …

**Forstner:** … individueller werden …
**Whitehead:** … sich dem konkreten Ereignis zuwenden …

**Geißler:** … und sich damit wieder mehr den natürlichen Veränderungen anpassen. Und da hindert so ein abstrakter Begriff von Zeit.

**Whitehead:** Das ist genau das, was ich mit dem Trugschluss der deplatzierten Konkretheit meinte: Der abstrakte Zeitbegriff taugt nicht fürs Konkrete!

**Forstner:** Der ja dann auch nur noch aus Zeitpunkten besteht.
**Geißler:** Ja, genau, die Aneinanderreihung von Zeitpunkten ist kein Leben, kann auch keine Systeme aufrecht erhalten.

**Whitehead:** Denn – wie gesagt – wir leben in Zeiträumen, nicht in Zeitpunkten!

**Lesch:** Was, würdest du sagen, ist die kleinste sinnvolle Einheit von Zeit. In den Naturwissenschaften haben wir ja nun diesen Irrsinn geschaffen, dass wir gesagt haben, die kleinste sinnvolle Zeiteinheit, die es gibt, ist da, wo man gerade noch Ursache und Wirkung voneinander unterscheiden kann – oder man kann es auch andersherum sagen, die kleinste sinnvolle Längeneinheit ist da, wo man Ursache und Wirkung voneinander unterscheiden kann.
**Geißler:** Wo du Veränderung wahrnimmst, heißt das konkret.

**Whitehead:** Ja, und Veränderung ist ein Ausdruck des Werdens. Sogar in der Beständigkeit steckt ständiges Werden, nur dass hier in aufeinanderfolgenden Ereignissen immer wieder dieselben wesentlichen Muster wiederholt werden und so das Gleichbleibende überwiegt. Wir nehmen dann Beständigkeit wahr und nicht Veränderung. Aber ein dauerndes Werden ist es trotzdem.

**Forstner:** Wenn Harald Lesch nun von Längeneinheiten zwischen Ursache und Wirkung ausgeht und darin eine Einheit für Zeit sucht, dann hat das doch recht wenig mit Ihrer Theorie der Zeit zu tun, oder?

**Whitehead:** Richtig! Und auch unser gesunder Menschenverstand würde es nicht zulassen, dass wir Zeit auf dem Meterstab suchen. Das tut nur die Physik, die offenbar nach wie vor keine andere Möglichkeit hat, als Zeit mittels Ursache und Wirkung in räumlichen Dimensionen zu erfassen. Zeit ist aber keine weitere Form der Ausdehnung! Ich denke, wir sind zu mehr fähig, als Zeit auf diese etwas plumpe Art und Weise zu verräumlichen.

# Zeit ist aufeinanderfolgendes Werden

**Forstner:** Zeit ist keine weitere Form der Ausdehnung?
**Whitehead:** Richtig! Dieses Konstrukt namens Raum-Zeit, das Zeit zur 4. Dimension macht, also zu einer weiteren Form der Ausdehnung neben Länge, Höhe und Breite, ist doch auch wieder nur eine Abstraktion. Denn die Raum-Zeit ist, ebenso wie die Zeitpunkte, losgelöst von den konkreten Ereignissen. Und nur mit Hilfe einer weiteren Abstraktion, nämlich der Materie, macht die Raum-Zeit überhaupt einen irgendwie gearteten Sinn. Kurz, wir kommen so zur »Materie in Raum-Zeit«, womit sich gut rechnen lässt, was aber keine konkrete Entsprechung in der Wirklichkeit hat.
**Forstner:** Aber Professor Lesch spricht doch gar nicht von Materie, sondern ebenfalls von konkreten Ereignissen.
**Whitehead:** Ja, das finde ich erstaunlich, da scheint sich in der Physik doch etwas getan zu haben. Ich nehme an, dass das ein Resultat aus der Quantenphysik ist, die zu meiner Zeit noch in den Kinderschuhen steckte. Ich habe mich damit leider nicht mehr so befassen können. Aber ich befürchte, dass die Ereignisse, von denen Professor Lesch spricht, immer noch durch die mechanisch-materialistische Brille betrachtet werden und nicht durch die organische, die ich für geeigneter halte. Zeitliche und räumliche Relationen scheinen in der Physik, auch wenn von Ereignissen die Rede ist, immer noch als etwas Äußerliches betrachtet zu werden. Ich denke aber, wir würden mehr verstehen, wenn wir ein einzelnes Ereignis nicht letztlich wieder als träge Materie, sondern als Organismus begreifen würden.[17]
**Forstner:** Hm, haben Sie vielleicht ein Beispiel?
**Whitehead:** Nehmen Sie ein Erlebnis eines lebendigen Körpers, das muss durchaus keine bewusste Wahrnehmung sein, vielleicht einfach Ihr Augenblinzeln, weil die Sonne Sie gerade

geblendet hat. In solch einem scheinbar banalen Ereignis spiegelt sich die gesamte raum-zeitliche Welt wider. Da sind Raum und Zeit nicht nur Äußerlichkeiten.
**Forstner:** Ist das nicht übertrieben?
**Whitehead:** Aber sehen Sie doch, wie komplex der Sachverhalt ist! Ihr Blinzeln steht in Bezug zu einer Fülle anderer Ereignisse. Da ist die konkrete Position der Sonne, die ein Ergebnis aus *allen* bisherigen Ereignissen im Weltall ist. Da ist Ihre Position zur Sonne, der eine lange Kette von mehr oder minder bewussten Entscheidungen vorangegangen ist, mit dem Ergebnis, dass Sie sich eben jetzt in genau dieser Position zur Sonne befinden, die Sie zum Blinzeln bringt. In diesem einen Blinzeln steckt genau genommen Ihre gesamte Vergangenheit. In einem mechanisch-materialistischen Weltbild bleiben aber nur ein abstrakter Zeitpunkt des Blinzelns übrig, ohne Bezug zur Vergangenheit, und ebenso abstrakte Punkte im Raum, die Ihre Position wiedergeben in irgendeinem abstrakten Koordinatensystem ohne Bezug zum Rest der Welt.
**Forstner:** Ist das Ihr »Alles ist überall zu aller Zeit«? Ihre holistische Weltsicht passt ja eigentlich recht gut zu unserer globalisierten Welt, in der alles mit allem vernetzt ist.
**Whitehead:** Ja, aber noch mal zurück zur Verräumlichung von Zeit und wie man sich Zeit vorstellen kann. Ich meine, die Vorstellungen von Raum und Zeit, wie sie die Physik geprägt hat, sind eigentlich recht einfältig und müssten dringend modifiziert werden. Denn Zeit ist auf keinen Fall eine Abfolge von Zeitpunkten, wie es uns die Uhr vorgaukelt. Würde nicht eine organische Theorie viel besser zu unserer Welt passen als diese mechanisch-materialistische? In einer organischen Theorie der Welt könnte Zeit als eine Abfolge von Zeiträumen, von Dauern, von Epochen verstanden werden. Ein Zeitraum ist dann nichts anderes als die Dauer des Werdens. Und das, was wird, ist das konkrete Ereignis. Zeit lässt sich daher nicht

unabhängig von Ereignissen betrachten. Jedes Ereignis erschafft seine eigene Dauer, seine eigene Epoche, während es wird. Und anders herum betrachtet ist in solch einer konkreten Epoche die gesamte gleichzeitige Welt enthalten, also alles, was gleichzeitig mit unserem konkreten Ereignis passiert. In Ihrer Sprache würde ich das vielleicht »Gleichklang des Werdens« nennen.[18]
**Forstner:** Das klingt schön!
**Whitehead:** Sehen Sie, was Ihre Sprache alles kann!
**Forstner:** Aber ob ich es deswegen auch schon verstanden habe? Also, wenn Zeit eine Abfolge von Zeiträumen ist und solch ein Zeitraum als Dauer des Werdens, ja, als Gleichklang des Werdens aufgefasst werden kann, dann ist Zeit doch nichts anderes als aufeinanderfolgendes Werden.
**Whitehead:** Ja, genau.

# Zeit ist atomar!?

**Forstner:** Und wo bleibt der Raum?
**Whitehead:** Nun, beide, Raum und Zeit, sind nur in Verbindung mit Ereignissen zu verstehen. Realisiert sich ein Ereignis, dann entsteht Zeit im Bereich der Ausdehnung, oder anders, erst wenn ein Ereignis wird, erst wenn es sich realisiert, entsteht Zeit im Raum.
**Forstner:** Heißt das, dass Zeit und Raum nur dort sind, wo etwas geschieht? So ähnlich sieht das die moderne Physik doch auch.
**Whitehead:** Ja, schon, aber an diesem Punkt müssen wir Raum und Zeit schnell wieder trennen, und eben das hat die Physik versäumt, denn Zeit ist wie gesagt keine weitere Form der Ausgedehntheit, sie ist keine vierte Dimension! Sie ist losgelöst von Ausdehnung und damit von Teilbarkeit, das unterscheidet sie vom Raum.
**Forstner:** Aha!?!?
**Whitehead:** Außerdem ist die Realisierung von Ereignissen, also ihre Verzeitlichung, bitte nicht als kontinuierlicher Prozess zu verstehen.
**Forstner:** Wie bitte?
**Whitehead:** Auf gar keinen Fall, denn aufeinanderfolgendes Werden ist eine atomistische Folge.
**Forstner:** Wie bitte?
**Whitehead:** Zeit ist atomar! [19]
**Forstner:** Jetzt verstehe ich gar nichts mehr! Sie sagen doch, eine Vorstellung von Zeit, die uns weiter führt als zur Uhrzeit, kennt keine Zeitpunkte. Wenn ich aber keine Zeitpunkte annehmen darf, dann habe ich doch auch keine kleinsten Bestandteile, also keine »Atome«, aus denen ich mir meine Vorstellung von Zeit zusammensetzen kann. Also kann Zeit auch nicht atomar sein, folglich muss sie kontinuierlich sein.

**Whitehead:** Nein, nein, so wollte ich es nicht verstanden wissen! Zeit in einer organischen Theorie hat zwar nichts mit Zeitpunkten zu tun, aber ein kontinuierlicher Prozess ergibt sich daraus noch lange nicht.
**Forstner:** Was dann?
**Whitehead:** Also, Zeit ist eine Abfolge von Epochen. Und diese Epochen – und nicht die Zeitpunkte – sind die »Atome« der Zeit. Damit will ich letztlich nichts anders sagen, als dass die einzelne Epoche, der Zeitraum des Werdens, nicht teilbar ist, sondern als kleinste unteilbare Einheit, eben als Atom zu verstehen ist. Die Epoche des Werdens eines Ereignisses ist ein unteilbares Ganzes.
**Forstner:** Aber ein Ereignis lässt sich doch teilen. Wenn ich an Ihr Beispiel von vorhin denke, dann besteht diese Blinzeln doch aus mehreren Teilen, vom Auftreffen der Lichtstrahlen über das Schließen des Augenlides bis zum wieder geöffneten Auge. Und diese Einzelereignisse sind noch weiter unterteilbar, etwa wenn ich auf die Ebene einzelner Nervenimpulse gehe.
**Whitehead:** Ja, da haben Sie schon recht, aber hier teilen Sie das Ergebnis, dass was realisiert wurde, das ausgedehnte Ereignis, um genau zu sein. Ausgedehntes lässt sich teilen. Im Beispiel »Blinzeln« heißt das, dass das Blinzeln als ausgedehntes Ereignis durchaus teilbar ist, so, wie Sie es eben versucht haben. Aber die Dauer seines Werdens ist nicht teilbar. Erst wenn alles, was dazugehört, passiert ist, ist es dieses eine Blinzeln. Das Blinzeln realisiert sich nicht in einem kontinuierlichen Prozess, sondern es ist eben da, wenn es passiert ist.
**Forstner:** Ich bin mir immer noch nicht sicher, ob ich das mit teilbar und atomar verstanden habe. Das Ergebnis des Werdens ist also teilbar, so wie ein Kuchen. Das Werden selber, also die Zeit, ist aber nicht teilbar, so wie ich eine Backzeit nicht teilen kann, sondern der Kuchen braucht die gesamte Zeit, um fertig zu werden. Hole ich ihn früher heraus, dann ist

es noch kein Kuchen bzw. ein unfertiger, und wenn ich ihn vergesse, ist es höchstens mal einer gewesen. Passt das Bild?
**Whitehead:** Ja, warum nicht! Hier können Sie auch sehen, dass Sie die Zeit zwar künstlich teilen können, aber Sinn ergibt das keinen. Denn was sollte sich wohl aus einem Drittel Backzeit ergeben? Haben Sie da ein Drittel des Kuchens? – Wobei ich gestehen muss, dass ich keine Ahnung vom Kuchenbacken habe, zu meiner Zeit hatten Männer nichts in der Hauswirtschaft zu suchen.
**Forstner:** Hätte es Sie denn interessiert?
**Whitehead:** Ja, durchaus.
**Forstner:** Ich hätte hier noch eine weitere Passage zur Frage, ob die Zeit teilbar ist.
**Whitehead:** Ja, dann lassen Sie mal hören!

# Kommt die Zeit in Paketen?

**Lesch:** Natürlich gibt es in den objektiven Wissenschaften, die versuchen, so weit zu objektivieren, wie es nur geht, auch Erkenntnisgrenzen. In der Quantenmechanik gibt es ja das Allerkleinste: Das ist das Plancksche Wirkungsquantum. Es gibt nichts Kleineres als das Plancksche Wirkungsquantum. Du kannst zwar etwas Kleineres denken. Aber das gibt es nicht! Alles, was in der Quantenmechanik irgendwie eine Rolle spielt, ist immer in Einheiten von diesem Planckschen Wirkungsquantum. Es gibt also tatsächlich eine allerkleinste Länge, die nicht mehr zu unterschreiten ist, weil man dann nämlich in diese Heisenbergsche Unbestimmtheitsgeschichte kommt.
Man könnte es auch so ausdrücken: Die Welt ist in allem in Pakete eingeteilt. Raum und Zeit genauso wie physikalische Begriffe wie Energie oder Drehimpuls. Von allem gibt es immer ein Allerkleinstes, das nicht mehr in seiner Wirkung unterschritten werden kann. Und das gilt auch für manche Produkte von physikalischen Messgrößen. Werner Heisenberg hat vor knapp 100 Jahren mathematisch bewiesen, dass das Produkt aus einer Länge und dem Impuls (der wiederum das Produkt von Masse und Geschwindigkeit ist) immer größer ist als eine Konstante, die man das Plancksche Wirkungsquantum nennt. Man könnte von der Inkompressibilität der Wirklichkeit sprechen. Wie ich es auch drehe und wende, je genauer ich einen Ort eines Teilchens bestimme, umso größer muss dann sein Impuls sein, damit das Produkt wieder der Planckschen Konstanten entspricht. Umgekehrt, je genauer der Impuls gemessen wird, umso größer wird die Unbestimmtheit der Länge bzw. des Ortes. Kleiner als das Plancksche Wirkungsquantum geht es nicht. Kennst du den Ort des Teilchens genau, dann, ist halt blöd, wird der Impuls immer größer und größer und größer. Dann weißt du zwar, wo das Teilchen ist, du weißt aber nicht, wie schnell es ist. Und genau so ist

es umgekehrt auch, wenn du wissen willst, wie schnell es ist, kannst du nicht mehr sagen, wo es ist. Damit sind wir ganz am Rande des Irrsinns – wenn man mal so sagen will. Diese Theorien, die versuchen die Welt zu erklären, müssen deshalb auch davon ausgehen, dass die Zeit quantisiert ist, die Zeit also auch nur in Paketen auftaucht und der Raum auch. Die Theorie für die Struktur der Materie verlangt also, dass Raum und Zeit in Paketform da sein müssen, das hat natürlich Konsequenzen. Wenn das so wäre, dann hätte das Konsequenzen für die Ausbreitung von Licht. Wenn zum Beispiel elektromagnetische Strahlen von irgendwo am Rande des Universums hierher kommen, dann spüren diese Wellen die quantenmechanische Paketierung des »Raumzeitschaums«. Er besteht aus »Blasen«, die alle eine bestimmte Größe besitzen. Durch diese leichten Schwankungen, diese Quantisierung der Raumzeit, müssten die Bilder von weit entfernten Galaxien eigentlich unschärfer sein, weil das Licht immer ein bisschen abgelenkt wird durch die Blasen, aber …

**Geißler:** … wenn diese Vorstellung von Raum und Zeit als Paket nicht dem Sachverhalt der Abstraktion geschuldet ist. Denn es ist doch so, dass du Zeit nie als Partikel wahrnimmst, sondern Zeit immer als Kategorie von vielen Dingen, die passieren. Als Summation, als Summe.

**Whitehead:** Genau! Und damit sind wir eigentlich auch schon bei einer organischen Theorie der Zeit. Lassen Sie es mich noch mal kurz zusammenfassen: Zeit ist keine Abfolge von Zeitpunkten oder von Partikeln, wie das Karlheinz Geißler so treffend ausdrückt, sondern von Epochen, die mit dem Werden von Ereignissen untrennbar verwoben sind, und diese Epochen sind nicht weiter teilbar. Sie sind bestimmt durch die Dauer des Werdens. Wenn Sie anfangen, hier etwas messen zu wollen, begeben Sie sich stets in abstrakte, ja, willkürliche Bereiche, denn der Anfang und das Ende eines Werdens können

höchstens näherungsweise bestimmt werden, auf bestimmte Zeitpunkte festlegen, lässt sich das nicht.
**Forstner:** Passt das mit den Paketen aus der Quantenmechanik nun dazu oder eher nicht?
**Whitehead:** Leider konnte ich die Quantenmechanik nicht mehr so berücksichtigen, wie sie das verdient hätte. Aber ich arbeite daran, meine Lücken zu schließen ... Ja, es könnte durchaus sein, dass diese Pakete vielleicht doch mehr mit unserer erfahrbaren Wirklichkeit zu tun haben, als es auf den ersten Blick scheint. Wenn man annimmt, die Welt ist quantisiert oder – wie Professor Lesch es ausdrückt – sie taucht in Paketform auf, dann will man damit doch nur ausdrücken, dass wir sie nicht auf Punkte reduzieren können. Und das entspricht durchaus unserer Wirklichkeit, denn – man kann es gar nicht oft genug sagen – der Punkt – egal ob als Zeitpunkt oder als Materiepunkt – kommt im Universum nicht vor. Ein Punkt ist und bleibt eine mathematische Abstraktion.
**Forstner:** Und eine Dauer, eine Epoche?
**Whitehead:** Eine Dauer ist tatsächlich eine Art Paket, denn sie hat so etwas wie eine »Dicke«, egal ob sich die nun messen lässt oder nicht.

# Was wir messen können – oder auch nicht

**Lesch:** Der maximale Abstraktionsgrad für uns Physiker ist ja der Unterschied zwischen Ursache und Wirkung, egal bei was, völlig wurst, Hauptsache, ich kann noch sagen oder besser ich kann noch messen, das ist die Ursache für diese Wirkung. Und wenn ich zwischen Ursache und Wirkung nicht mehr unterscheiden kann, dann muss ich praktisch aufgeben. Um ein Beispiel zu nennen: Nehmen wir mal an, an deinem Auto schiebt am vorderen linken Reifen eine Ameise. Wird da groß was passieren?
**Geißler:** Nein.
**Lesch:** Zwei Ameisen, drei Ameisen, vier Ameisen? Wie viele Ameisen brauchst du, damit dein Auto wirklich losgeschoben wird? Das heißt, die Welt unterhalb dieser Mindestgröße an Ameisen, die dein Auto bewegen, die kannst du überhaupt niemals erfahren, weil die erste Ursache, die du feststellst, erst dann ist, wenn dein Auto sich bewegt.
**Geißler:** Du kannst es nicht messen.
**Lesch:** Ja, genau, du kannst es nicht messen, hast keine Chance! Also für eine messende, für eine empirische Wissenschaft gibt es einen Teil der Welt, der grundsätzlich unerreichbar ist.
**Forstner:** Was aber nicht heißt, dass er nicht da ist.
**Geißler:** Ja!
**Lesch:** Nein, nein, dazu können wir nur gar nichts sagen, außer dass er ziemlich klein ist, nämlich 20 Größenordnungen kleiner als ein Proton, und ein Proton ist schon ziemlich klein und die Zeit, die dazugehört …
**Geißler:** … also, was ihr nicht messen könnt, gibt es nicht!
**Lesch:** So ist es! Genau! Es kann es ja geben, nein, es ist perverser, denn es muss es geben als Voraussetzung für das, was wir messen können.
**Forstner:** Bizarr!

**Lesch:** Ja, das ist bizarr, dass wir zum Beispiel an den Anfang des Universums gehen und sagen, wir haben keine Ahnung, was da ist, wir werden es niemals erreichen können, aber da muss etwas passiert sein, denn das ist die Voraussetzung dafür, dass wir irgendwann mal anfangen können, das zu tun, was wir tun.
**Geißler:** Ja.
**Lesch:** Völlig aberwitzig! Also noch mal: Woraus besteht die Zeit? Ist sie quantisiert oder ist sie nicht quantisiert? Als Physiker würde ich sagen, ich muss sie quantisieren, ich muss sie in Paketform haben. Was würdest du als Sozialforscher sagen?
**Geißler:** Das ist nur eine Konstruktion, und um im System der Physik zu operieren, brauchst du diese Konstruktion. Wenn ich in einem anderen System operiere, also zum Beispiel in einem medizinischen, brauche ich diese Konstruktion natürlich nicht.
**Lesch:** Warum nicht?
**Geißler:** Weil ich ganz andere Indikatoren habe, nämlich die Qualität. Da gibt es zum Beispiel Müdigkeit als Kategorie für Zeit, also Veränderungen zwischen Wachheit und Müdigkeit. Das ist wieder eine Rhythmizität, die kann ich empirisch zum Beispiel über Hormonausschüttung, also an Indikatoren festmachen. Und wenn ich das weiter verfolge, dann sind solche Indikatoren sozusagen der Zeitgeber. Dann kann ich das Zeit nennen. Aber letztlich sind es nur die Ursachen für eine Wirkung.
**Lesch:** Das heißt aber doch, wenn ich in einem System bin wie dem medizinischen, das auf eine bestimmte Genauigkeit verzichtet, dann kann ich mit einem wesentlich großzügigeren Zeitbegriff umgehen. Wenn ich also sage: »Ich bin müde.«, dann kann das ja heißen: »Ach Kalle, ja, ich bin halt a bissi schlapp.« Aber es könnte auch heißen: »Ich bin todmüde.«
**Geißler:** So ist es.
**Lesch:** Das ist ja eine qualitative Beschreibung.
**Geißler:** Genau.

**Lesch:** Und solange ich auf eine bestimmte Genauigkeit verzichte, kann ich mit dieser qualitativen Beschreibung sehr gut auskommen. Wenn ich aber genau wissen will, in welchem Zustand jemand ist, zum Beispiel ein Pilot, dann muss ich anfangen zu messen. Die körperliche Fitness kann ich ganz gut messen.
**Geißler:** Ja.
**Lesch:** Das ist ja immer noch sozusagen der maschinelle Anteil eines Menschen. Da kann ich entsprechende Indikatoren messen: Wie ist sein Blutdruck, wie ist sein Hormonhaushalt, macht die Nebenniere noch das, was sie soll, oder hat er seine Leber schon kaputt gesoffen? Aber ob der Mann depressiv ist oder nicht, das kann ich nicht messen, da bin ich darauf angewiesen, dass er mir erzählt, wie es ihm geht. Das ist Großzügigkeit anstatt Exaktheit! Während ich bei einer objektiven Messung über die Hormone nicht drauf angewiesen bin, dass der andere mich auch richtig informiert, wie es ihm geht. Da nehme ich ihm einfach eine Körperflüssigkeit ab und messe die Hormone, und er wird es in der Regel nicht beeinflussen können.
**Geißler:** Ja, solange wie wir keinen Indikator für Depressionen finden, der sich messen lässt. Da finden die Mediziner aber sicher noch irgendwas, denn das ist die Chance für die Pharmaindustrie!

## Jetzt aber mal exakt!

**Whitehead:** Zum Thema Exaktheit würde ich gerne etwas anmerken.
**Forstner:** Ja, bitte.
**Whitehead:** Wir haben es hier schon wieder mit einer Abstraktion zu tun. Exaktheit halte ich für ein Ideal, das es nur in unserem Denken gibt.[20] Diesem Ideal haben wir auch jene Theorie der Zeit zu verdanken, die Zeit als eine sich bewegende Messerschneide sieht und uns Zeitpunkte ohne Dauer liefert. Diese Theorie geht von einer perfekten Beobachtungsgenauigkeit aus. Nehmen Sie astronomische Beobachtungen. Die können Sie verfeinern, bis sie auf zehntel, hundertstel und tausendstel Sekunden genau sind, und vermutlich können Sie es mittlerweile noch genauer als wir damals. Aber am Ende müssen Sie aus all den ach so genauen Messungen einen Durchschnittswert bilden. Solch ein Durchschnittswert ist stets gekoppelt an eine Zeitspanne, die dann als Fehlerbereich verstanden wird. Dann erhalten Sie beispielsweise eine Größe für das Alter des Universums, die aber alles andere als exakt ist. Wo ist man da mittlerweile angekommen? Ich habe zuletzt etwas von 13,7 Milliarden Jahren vernommen.
**Forstner:** Mittlerweile geht man davon aus, dass der Urknall vor 13,82 Milliarden Jahren war und dass diese Zahl einen Fehlerbereich von – warten Sie ...
**Whitehead:** ... letztlich egal, hier ist Fehler ohnehin nur ein Begriff, um auszudrücken, dass unsere Erfahrungen nichts zu tun haben mit dem Gedankenideal der Exaktheit. Und im Zusammenhang mit Zeit schon gar nicht. Versuchen Sie doch, nur einmal exakt zwischen dem eben Stattgefundenen und der unmittelbaren Gegenwart zu unterscheiden.
**Forstner:** Begrifflich ist das kein Problem, aber Sie haben recht: Wenn ich versuche, diese Schnittstelle, den Zeitpunkt

zwischen Vergangenheit und Gegenwart, wahrzunehmen, dann muss ich passen oder ich werde wahnsinnig.
**Whitehead:** Ja, lassen Sie das besser! Auch hier kommen wir mit einer Dauer, die eine »zeitliche Dicke« hat, besser an das heran, was unsere Erfahrung uns lehrt. Wir befinden uns immer in einer Dauer, die sowohl Momente der allerjüngsten Vergangenheit als auch die unmittelbare Gegenwart umfasst. Und auch Zukünftiges schwingt da schon mit. So etwas wie reine Gegenwart können wir gar nicht erfassen, da wir keine exakten Grenzen zwischen Vergangenheit, Gegenwart und Zukunft ausmachen können. Unser Hier und Jetzt entspricht eher einer unmittelbaren Dauer als einem exakten Gegenwartszeitpunkt.
**Forstner:** Ja, und diesmal sage ich es: »Denn wir leben in Zeiträumen und nicht in Zeitpunkten!«
**Whitehead:** Dankeschön! Und dieser Zeitraum, diese unmittelbare Dauer lässt sich auch keineswegs klar abgrenzen. Ihr Anfang verschwimmt, indem sie Richtung Erinnerung fließt, und ihr Ende verschwimmt, indem sie Richtung Erwartung fließt. Es gibt weder eine scharfe Unterscheidung zwischen Erinnerung und unmittelbarer Gegenwart noch zwischen unmittelbarer Gegenwart und Erwartung. Die Gegenwart ist ein schwankender Bereich zwischen den beiden Extremen der Erinnerung und der Erwartung, also zwischen Vergangenheit und Zukunft.[21]
**Forstner:** Heißt das, wir laufen einem nicht zu erreichenden Ideal nach, wenn wir versuchen, im Hier und Jetzt zu leben? Einfach mal die unmittelbare Gegenwart genießen wollen, ohne an Gewesenes oder Künftiges denken zu müssen, das geht also gar nicht?
**Whitehead:** Nun, das scheint mir tatsächlich unmöglich zu sein. Aber warum nennen Sie es ein Ideal? Ist das denn erstrebenswert, dieses reine Hier und Jetzt ohne Verbindung zu Ihrer Geschichte und Ihrer Zukunft?

**Forstner:** Tja, vermutlich bin ich doch mehr ein Kind der Spaßgesellschaft, als ich das wahrhaben möchte ...
**Whitehead:** Ich bin mir nicht sicher, ob ich verstehe, was Sie mit Spaßgesellschaft meinen.
**Forstner:** Ach, nicht so wichtig, gehen wir lieber wieder zurück zur Zeit.

# Die Zeit ist grau geworden

**Lesch:** Je nach Fragestellung entsteht also ein anderer Zeitcharakter, ein anderer Eindruck von Zeit?
**Geißler:** Ja, weil es Definition ist. Zeit ist eine Definition, die man in gewissen Systemen braucht und in gewissen nicht. In Sri Lanka brauchen die Leute den Begriff Zeit eigentlich nur in ganz bestimmten Regionen, mehrheitlich aber brauchen sie ihn nicht.
**Lesch:** Hast du denn den Eindruck, dass die abendländische Kultur schon immer drauf abgezielt hat, mit Zeit zu arbeiten? Hatten wir mal Zeiten, in denen Zeit überhaupt keine Rolle spielte?
**Geißler:** Jetzt fragst du nach der Geschichte. Geschichte ist ja immer nach hinten gerichtet, als das, was vergangen ist – dass man das überhaupt zählt und kategorisiert, ist 250 Jahre alt. Vorher hat man das nicht gemacht.
**Lesch:** Es gab keine historische Wissenschaft vorher?
**Geißler:** Nein, historische Wissenschaft gab es nicht. Es gab Geschichten, aber nicht Geschichte. Auch das Datum ist mit der Uhr erfunden worden. Es gab ja kein Datum vorher. Der Tag hat kein Datum gehabt.
**Lesch:** Aber ich dachte, die Römer hätten schon Monate gehabt. Die Iden des März, das war der 15. März.
**Geißler:** Nein, das waren eben die Iden des März und nicht der 15.! Das ist der Unterschied.
**Lesch:** Okay, aber das heißt, wir sind diejenigen, die dann die Iden des März zum 15. gemacht haben.
**Geißler:** So ist es!
**Lesch:** Ah, das wusste ich gar nicht.
**Geißler:** Luther hat zum Beispiel Ereignisse aus der Bibel übersetzt mit »zur dritten Stunde«. Das waren aber Gebetszeiten, die waren hochflexibel, wie das heute immer noch im Islam der Fall ist. Die sind nicht genau pünktlich auf die Uhr eingestellt, sondern werden am Sonnenstand orientiert, und der ist viel

interpretierbarer als die Uhrzeit. Das heißt also, das sind Übersetzungen und Begrifflichkeiten, die Luther aus seiner Zeit genommen hat. Deshalb meinen wir, dass in der Bibel schon etwas über Stunde steht. Da steht auch etwas über Stunde, aber das ist nicht *die* Stunde, nicht die 60-Minuten-Stunde.

**Lesch:** Also, ich hätte jetzt gedacht, dass so etwas wie die Genesis in der Bibel schon auch ein kultureller Ausdruck dafür ist, dass man davon ausgeht, dass die Schöpfung einen Ablauf hat, dass die Schöpfung eine Geschichte hat.

**Geißler:** Ja, aber nicht einen linearen Ablauf, sondern einen zyklischen, also mit Wiederholungen, das ist sozusagen das Modell »Himmel«, dass sich alles wiederholt. Und die Schöpfungserzählung ist der Versuch, dass der Mensch diese Zyklen, die am Himmel sind, für die eigene Organisation verwendet.

**Lesch:** Ist das wirklich zyklisch? Wenn ich an die Geschichte von Jakob und Esau denke und an seine Söhne und die Josefsgeschichte und so weiter, ist das nicht ein Hintereinander? Gut, der Jakob kommt nachher wieder zurück …

**Geißler:** Das ist die Generationengeschichte, die auch zyklisch erzählt wird, als Herrschaftsgeschichte. Aber es ist natürlich richtig, dass in der jüdisch-christlichen Mythologie oder Geschichte eine Linearität ist, dergestalt, dass Gott wiederkommt. Da steckt also eine Zukunftsperspektive drin.

**Lesch:** Wenn also jemand Philosophie betreibt im christlich-jüdischen Abendland, dann wird er wahrscheinlich schon eine andere Vorstellung von Zeit haben, als wenn er in China, Indien oder – wo waren wir vorhin? – in Sri Lanka ist. Die haben gar keine Zeit dort?

**Geißler:** Ja. Aber noch zu einem anderen Beispiel: Die Woche – das ist ganz interessant –, die Woche ist der Versuch, diese Zyklizität als Organisationsprinzip jenseits von Natur und Himmel für Gesellschaft einzuführen. Mit der Woche ist Gesellschaft gegründet worden, überhaupt gesellschaftliche Organisation, und diese Woche hat man sich früher ganz anders vorgestellt,

nämlich bunt! Da gab es gewissermaßen verschiedene Färbungen der Zeit, weil die Zeit viel vielfältiger genutzt wurde, nicht nur zum Arbeiten. Die Zeit war schlicht noch nicht ergraut. Es ist ungefähr so, wie mit den Götterstatuen im Museum, in der Glyptothek*, da ist heutzutage keine bunt, früher waren die alle bunt. Und so ist es auch mit der Zeit, man hat sich die Zeit eben bunt vorgestellt. Früher war sie bunt, und jetzt ist sie total abstrahiert, und man hat die Buntheit rausgeschmissen.
**Lesch:** Es ist grauer geworden.
**Geißler:** Ja.
**Lesch:** Es ist auf jeden Fall viel monotoner geworden. Also Zeitvielfalt, die mal da war, ist längst verschwunden.
**Geißler:** Deshalb wissen wir auch nicht mehr, was gute und schlechte Zeiten sind, weil wir die Qualität rausgeschmissen haben. Deshalb sagen wir, wir brauchen mehr Zeit. Völliger Schwachsinn! Brauchst du mehr Zeit, um im Stau zu stehen?
**Lesch:** Nee!
**Geißler:** Oder beim Zahnarzt?
**Lesch:** Nee!
**Geißler:** Du brauchst nicht mehr Zeit! Du brauchst oder besser du willst von einer besonderen Zeit mehr haben. Ist doch klar! Aber das Besondere ist nicht mehr sichtbar.
**Lesch:** Dadurch, dass es ohne Unterbrechung einfach immer so durchläuft.
**Geißler:** Ja.
**Lesch:** Was natürlich auch dazu führt, dass Vergangenheit, Zukunft, Gegenwart ständig ineinander übergehen, ohne jeden Bruch.
**Geißler:** Und verwursteln.

---

* So heißt das Museum für antike Skulpturen am Königsplatz in München.

# Die Zeit ist bunt!

**Forstner:** Bunte Zeitvielfalt früher versus grauer Zeitbrei heute? Ist uns die Buntheit wirklich abhanden gekommen?
**Whitehead:** Wir nehmen sie vermutlich nur nicht mehr wahr, denn sie ist auf jeden Fall weiter da. Aber es ist schon richtig, unsere Abstraktionen bestimmen offenbar, was wir ausblenden.
**Forstner:** Und was müssen wir tun, um Zeitvielfalt statt monotonen Zeitbrei wahrzunehmen?
**Whitehead:** Genau hinsehen und immer wieder unsere Abstraktionen an der Wirklichkeit prüfen.
**Forstner:** Also los!
**Whitehead:** Der monotone graue Zeitbrei ist ein Anhängsel der Materie. Gehen wir ruhig noch mal kurz die Gedankenkette durch: Über ein materielles Objekt lässt sich ja nun nicht viel mehr sagen, als dass es ist, wo es ist, an einem bestimmten Ort, zu einer bestimmten Zeit. Zeit ist hier nichts weiter als die Uhrzeit, also eine Aneinanderreihung von abstrakten Zeitpunkten. Tja, und Uhrzeit ist tatsächlich ein monotoner Zeitbrei, denn für alle materiellen Objekte gilt die gleiche Uhrzeit, weil das Ganze ja vermeintlich objektiv sein soll. Abstraktionen zeichnen sich letztlich ja immer dadurch aus, dass das individuelle ausgeblendet wird. So gesehen ist jede Abstraktion grau. Bunt ist das Individuelle!
**Forstner:** Also noch mal zum Mitschreiben: Die monotone graue Materie impliziert einen monotonen grauen Zeitbegriff, will sagen die Uhrzeit?
**Whitehead:** So ist es! Um jetzt wieder Farbe in die Sache zu bringen, müssen wir hinter die graue Materie, denn da gibt es eine bunte Vielfalt zu entdecken.
**Forstner:** Die konkreten individuellen Ereignisse!

**Whitehead:** Genau die! Und jedes individuelle Ereignis können Sie als individuelles Raum-Zeit-System betrachten. Oder anders ausgedrückt: Jedes Ereignis konstituiert seinen eigenen Zeitraum, seine eigene Epoche, seine eigene individuelle Dauer des Werdens. Und die lässt sich nicht ohne Verlust der Buntheit auf Uhrzeit reduzieren.
**Forstner:** Jetzt mal ganz konkret und praktisch: Wie kommen wir weg von der abstrakten Materie mit ihrer monotonen Uhrzeit hin zu individuellen Ereignissen mit bunter Zeitvielfalt?
**Whitehead:** Schauen Sie sich die Kinder an! Die wissen nichts von Materie und Uhrzeit.
**Forstner:** Da haben Sie recht. Kinder kennen nur konkrete Ereignisse. Schon der Versuch, den Beginn und das Ende des Sandburgbaus mit der Uhr bestimmen zu wollen, wird mit Trotz und Tränen quittiert. Wann die Sandburg fertig ist, weiß nur der kleine Bauherr, und das kann dauern ... Aber solche Beobachtungen werden unsere uhrgesteuerte Gesellschaft nicht davon abhalten, weiter der Uhr zu gehorchen, und auch nicht den Zeitbegriff der Naturwissenschaften ändern.
**Whitehead:** Nur Geduld. Ich war ja nie ein Revolutionär, aber ich glaube fest an stetige Veränderung, an Entwicklung hin zu einem Besseren. Und soweit ich es sehe, ist die Physik an eine gewisse Erkenntnisgrenze gelangt, und da kann es doch nur eine Frage der Zeit sein, bis neue Wege beschritten werden müssen. Eine Tendenz hin zu konkreten Ereignissen ist ja bereits da, wenngleich die immer noch mit dem materialistischen Weltbild behaftet ist.
**Forstner:** Sie sind also zuversichtlich?
**Whitehead:** Ja, natürlich!

# Unsterbliche Vergangenheit: Einheitsbrei oder Abenteuer?

**Forstner:** Ich spul mal kurz zurück, da wurde nämlich noch ein anders Argument für den Verlust an Buntheit genannt.

**Geißler:** Das Besondere ist nicht mehr sichtbar.
**Lesch:** Dadurch, dass es ohne Unterbrechung einfach immer so durchläuft. Was dazu führt, dass Vergangenheit, Zukunft, Gegenwart ständig ineinander übergehen, ohne jeden Bruch.
**Geißler:** Und verwursteln.

**Whitehead:** Hm, das sehe ich etwas anders …
**Forstner:** Also, ich kann das gut nachvollziehen: Wir hatten das ja eben schon angesprochen, die konkrete Gegenwart kann ich nicht fassen, stattdessen steh ich immer vor diesem »Gewurstel« aus Vergangenheit, Gegenwart und Zukunft. Da bleibt dann oft nur noch ein unattraktives Einerlei ohne charakteristische, hervorstechende Elemente: ein Einheitsbrei.
**Whitehead:** »Einheitsbrei« ist aber nun wirklich sehr abwertend. Müssen Sie es denn wirklich als so negativ empfinden? Diese Frage nach der hervorgehobenen, ausgezeichneten Gegenwart ergibt sich doch nur, wenn wir dem Trugschluss aufsitzen, dass es eine abgrenzbare Gegenwart überhaupt gibt. Die aber kommt in der Natur nicht vor. Es gibt weder einen exakten Punkt, der sich als Gegenwartspunkt ausmachen lässt, noch eine abgrenzbare Dauer, die sich als Gegenwartsbereich erfahren ließe. Vielleicht sollten wir uns hier einfach mit den Fakten abfinden: Die Grenzen zwischen Vergangenheit, Gegenwart und Zukunft kommen in der konkreten Welt, wie wir sie erfahren, nicht vor. Wenn wir diese Begriffe beibehalten wollen, dann müssen wir sie an unsere Erfahrungen angleichen und daher eher von einem Netz oder Gewebe aus

Vergangenheit, Gegenwart und Zukunft ausgehen. Und solch ein Gewebe kann ziemlich bunt und spannend sein, also alles andere als ein Einheitsbrei.
**Forstner:** Aha? Ehrlich gesagt, klingt das für mich immer noch nach einem riesen Kuddelmuddel, völlig undurchdringlich. Vielleicht suche ich doch lieber nach dem Hier und Jetzt ...
**Whitehead:** Ich will Sie bestimmt nicht bekehren – alles Dogmatische war mir immer zuwider –, aber ich würde trotzdem noch gerne ein paar Sätze dazu sagen.
**Forstner:** Okay, vielleicht sollte ich eine Idee nicht gleich ablehnen, nur weil sie mir zu kompliziert ist. Also ...
**Whitehead:** Also, ich sehe das so: Wir täten gut daran, uns auch an dieser Stelle von unseren wohlgebildeten Abstraktionen zu lösen und stattdessen von unseren ganz banalen Erfahrungen auszugehen. Und da werden wir feststellen, dass es keine Erfahrung gibt, in der es um nichts anderes als um gegenwärtige Fakten geht.[22] Vielmehr ist jede Erfahrung ein Übergang zwischen zwei Welten, nämlich zwischen der unmittelbaren Vergangenheit und der unmittelbar bevorstehenden Zukunft.[23] Ich sag's noch mal: ein Übergang! Und kein mittels Zeitpunkten abgrenzbarer Bereich.
**Forstner:** Einheitsbrei eben ...
**Whitehead:** Also meinetwegen, zumindest vorläufig ...
**Forstner:** Geh ich Ihnen auf die Nerven?
**Whitehead:** Nein, nicht direkt, Sie legen nur gerade Ihre Ehrfurcht vor dem toten Philosophen ab, und das ist auch gut so.
**Forstner:** ... oh ...
**Whitehead:** Na, kein Grund, rot zu werden, ohne die Fähigkeit zu widersprechen und ein Es-könnte-auch-anders-sein zu denken, wären wir Menschen nicht das, was wir sind ... Zurück zum Einheitsbrei?
**Forstner:** Auf alle Fälle!
**Whitehead:** Das, was Sie Einheitsbrei nennen, ergibt sich dadurch, dass vergangene und zukünftige Ereignisse in gewisser

Weise in gegenwärtigen Ereignissen enthalten sind. Aber dabei geht es meiner Ansicht nach ziemlich bunt zu und gar nicht grau und monoton. Jede Erfahrung, jede Wahrnehmung bezieht sich auf bereits vergangene Ereignisse, und sei es nur auf einen eben vergangenen Nervenimpuls. Die Vergangenheit steckt also drin in dem, was wir Gegenwart nennen, sie existiert in der Gegenwart, obwohl sie vergangen ist. In gewisser Weise ist die Vergangenheit damit unsterblich, denn sie bleibt für alle Ewigkeit in der Geschichte des Gegenwärtigen.[24]

**Forstner:** Ich kann meine Vergangenheit nicht abschütteln, das ist schon klar, aber ob jemand das als buntes Abenteuer oder als monotone Last empfindet, ist damit noch nicht gesagt.

**Whitehead:** Einverstanden! Einheitsbrei oder Abenteuer, das hängt von der persönlichen Empfindung ab. Und jede Empfindung ist ein individueller Standpunkt zur Welt. Die gesamte Vergangenheit ist stets präsent, dagegen können wir nichts machen. Sie ist es selbst dann, wenn wir sie verdrängt oder vergessen oder vielleicht auch gar nicht mitbekommen haben. Denn hier geht es nicht allein um bewusste Wahrnehmung! Selbst in einem Stein ist die ganze Erdgeschichte präsent, nur dass er sie im Unterschied zu uns nicht bewerten kann.

**Forstner:** Und deshalb ist sie für ihn weder grau noch bunt. Gut, ich gebe nach. Ob die Zeit grau oder bunt ist, entscheide ich selbst, wenigstens bis zu einem gewissen Grad.

**Whitehead:** Und ich gestehe zu, dass es widrige Umstände gibt, die kaum etwas anderes als den Eindruck eines grauen Einerlei entstehen lassen, und da denke ich sowohl an widrige äußere wie innere Umstände, etwa extreme Armut oder schwere Depressionen. Gehe ich recht in der Annahme, dass Sie von derlei verschont sind?

**Forstner:** Angekommen! Jammern auf hohem Niveau nennen wir das heute. Also: »Zeit ist bunt!« Ich versuch mich bei Gelegenheit daran zu erinnern!

# Vom kreativen Sturz in die Zukunft

**Forstner:** Sie sind mir aber noch die Erklärung schuldig, warum auch die Zukunft schon in der Gegenwart enthalten sein soll und warum auch das bunt und nicht grau ist.
**Whitehead:** Die Antwort zum zweiten Teil Ihrer Frage ist einfach, die ergibt sich aus dem, was wir schon zum Verhältnis von Vergangenheit und Gegenwart gesagt haben. Denn wenn es Ihnen gelingt, das vielfältige Geflecht aus Vergangenheit und Gegenwart als bunt zu empfinden, dann überträgt sich das auch auf das Geflecht aus Gegenwart und Zukunft. Wieder abgesehen von äußeren und inneren Umständen, die Ursache für eine extreme Zukunftsangst sein können und alles grau erscheinen lassen.
**Forstner:** Verstanden. Aber auf welche Art und Weise kann Zukunft in der Gegenwart sein, denn zukünftige Ereignisse haben – anders als vergangene Ereignisse – in der Gegenwart keine Existenz, es gibt sie schlicht noch nicht.
**Whitehead:** Völlig richtig! Aber wenn wir uns zunächst auf die unmittelbare Zukunft beschränken, also auf das, was wir höchstens begrifflich von der Gegenwart trennen können, dann können wir auch nicht behaupten, dass die unmittelbare Zukunft nichts wäre. Schneiden Sie die Zukunft ab, und die Gegenwart bricht zusammen, entleert von ihrem eigentlichen Inhalt.[25]
**Forstner:** So schlimm? Ein bisschen weniger an Morgen denken zu müssen, hätte doch auch was für sich.
**Whitehead:** Allmählich dämmert mir, was Sie mit Spaßgesellschaft meinten ... Aber betrachten wir doch mal die ganz nahe Zukunft, den nächsten Augenblick, wenn Sie so wollen. Was ich sagen will, ist Folgendes: In der Gegenwart gibt es zwar keine Ereignisse, die zur Zukunft gehören, aber zum Wesen eines gegenwärtigen Ereignisses gehört es, dass es eine

Zukunft gibt. Denn jedes Ereignis vergeht irgendwann und geht seinerseits in die objektive Unsterblichkeit über, das heißt es steht der Zukunft als Objekt zur Verfügung.
**Forstner:** Sie meinen, weil alles vergehen muss, muss es eine Zukunft geben, in der das, was eben noch war, vergangen sein wird?
**Whitehead:** Wenn Sie so wollen, ja. Ich sehe darin so eine Art kreativen Drang des Universums, denn jedes Ereignis stürzt sich sozusagen in die Zukunft[26], es hat gar keine andere Wahl, und das ist doch ziemlich abenteuerlich, oder?
**Forstner:** Oder beängstigend.
**Whitehead:** Nun, es gibt uns die fantastische Möglichkeit, das, was kommen wird, mitgestalten zu können. Wir sind aufgerufen, kreativ zu sein, weil es weitergehen wird, weil es eine Zukunft gibt.
**Forstner:** Aber bleibt denn dann noch so viel Freiheit zum Gestalten übrig, wenn ich doch stets meine gesamte Vergangenheit mit mir herumschleppe, an die ich ja in vielfältiger Weise gebunden bin?
**Whitehead:** Ich meine doch, denn in dem Bereich, den wir Gegenwart nennen, bestimmen wir unser Verhältnis zur Zukunft, das heißt, in der Gegenwart werden die Bedingungen, die Notwendigkeiten festgelegt, denen die Zukunft entsprechen muss.[27] So kann aus Wut nicht unmittelbar Freude werden, ebenso wenig wie auf einen Schneesturm unmittelbar Hochsommerwetter folgen kann. Vielleicht steckt darin sogar eine geeignete Bestimmung von dem, was Gegenwart sein soll. Weder Zeitpunkt noch klar definierter Zeitabschnitt, wohl aber der Bereich, in dem entschieden wird, welche Möglichkeiten der Zukunft offen stehen. Denn wir machen heute die Türen auf, durch die wir morgen gehen.

# Es wird schon irgendwas kommen …

**Lesch:** An der Stelle lässt sich jetzt ein Fass aufmachen, da muss ich richtig aufpassen, weil wir ja über Zeit und nicht über Wirtschaft reden wollten. Aber zum Beispiel die Spekulationen an der Börse sind ja nichts anderes als eine Spekulation auf eine mögliche Produktionsentwicklung. Ob die jemals passieren wird, weiß kein Mensch. Das heißt, man holt sich – und das ist ja der Trick dabei – Zukunft rein. Woher kommt das Geld an der Börse? Es kommt aus der Zukunft und wird in die Gegenwart geholt. Zugleich holen wir die fossilen Brennstoffe, also die Vergangenheit, aus dem Boden, machen sie auch zur Gegenwart und verarbeiten praktisch alle Zeitbegriffe oder alle Zeiten, die man haben kann, in der großen Gegenwartsmaschinerie zu Geld. Denn Zeit ist ja Geld, ne?
**Geißler:** Ja, das geht aber nur, weil du die Uhrzeit – und deshalb ist sie ja so erfolgreich – mit der Geldillusion koppeln kannst. Zeitillusion mit Geldillusion koppeln, das ist das Erfolgsprinzip. Beide nur Illusion, und an beide müssen wir glauben!
**Lesch:** Das ist Alchemie!
**Geißler:** Damit wird Gold geschöpft!
**Lesch:** Und du kommst nicht raus aus diesen Illusionen. Das kapitalistische System scheint eine alternativlose Veranstaltung zu sein. Und wenn du dich noch so drückst, es hilft alles nichts. Und aus der Zeit kommt man auch nicht raus. Wir können nichts machen!
**Geißler:** Du kommst nicht raus, weil du dich immer wieder auf die Abstraktionen beziehst, aus denen du nicht rauskommst. Du kannst zwar der Uhrzeit entfliehen, aber der Zeit kannst du nicht entfliehen.
**Lesch:** Genau, du kannst die Uhr sogar wegschmeißen, und trotzdem stellst du in dem dich Umgebenden fest, dass Zeit vergeht, und zwar schon allein daran, dass die Sonne auf- und

untergeht. Wenn du das auch irgendwann nicht mehr sehen willst, dann machst du die Fenster zu, damit du nichts mehr mitkriegst. Aber auch dann noch wirst du natürlich an dir selber Rhythmen feststellen, und wenn es einfach nur die Verdauung ist – auf Deutsch gesagt.
**Geißler:** Natürlich!
**Lesch:** Oder dein Atem, den du zählst, oder dein Herzschlag, den du zählst. Du bist ja selber eine Zeitmaschine, du bist eine Maschine, die Zeit misst – bei aller akademischen Behandlung.
**Geißler:** Ja, und zum Leben, zum guten Leben reicht es völlig, dass du Zeit, also die Veränderungen an dir wahrnimmst, als Signale.
**Lesch:** Was meinst du mit gutem Leben?
**Geißler:** Zum gesunden Leben will ich mal besser sagen. Die Frage ist, welche Ansprüche du hast an Gegenstände, die dann natürlich auch in Geld umgerechnet werden können, und das ist bereits eine Abstraktion von den eigenen Zyklen.
**Lesch:** Würdest du deswegen auch sagen, dass reichere Gesellschaften auf jeden Fall einen anderen Zeitbegriff haben müssen als ärmere? Zwangsläufig?
**Geißler:** Ja, die Uhr hat eindeutig die Menschheit in reichere und weniger reiche Gesellschaften gespalten, das ist ganz klar. Der Wohlstand, der sehr ungleich verteilt ist auf unserem Globus, hat viel mit Uhr und mit Zeitdenken zu tun. Oder anders gesagt, mit der Distanzierung von der eigenen Natur und der Natur draußen. Das ist notwendigerweise einhergegangen mit einer Naturzeitignoranz, also mit ökologischen Problemen. Das ist der notwendige Preis, das hätten wir wissen können. Das haben einige wenige auch schon sehr früh erkannt, die hat man nur nicht sehr ernst genommen.
**Lesch:** Schon aus römischer Zeit gibt es Überlegungen dazu, was das jetzt eigentlich wird: Wenn wir weiterhin Bäume so abhacken, dann sind die Wälder doch irgendwann weg, und dann werden die Böden verschwinden. Das ist 2000 Jahre alt!

Solche Texte gibt es! Es hat aber keinen interessiert, die haben einfach weitergemacht, einfach stur weitergemacht.
**Geißler:** Osterinseleffekt! Die Bewohner dieser Insel haben doch tatsächlich alle Bäume auf ihrem Eiland abgeholzt für den Transport ihrer großen Statuen. Und als dann alle weg waren …
**Lesch:** … genau, der Osterinseleffekt und die Hoffnung, es wird schon irgendwas kommen …

# Der Blick in die Zukunft

**Forstner:** Es wird schon irgendwas kommen … Aber was wird das sein?
**Whitehead:** Also, Hellseher bin ich immer noch nicht, aber ich halte es, ebenso wie meine beiden Kollegen, für durchaus möglich, dass so etwas wie »historische Voraussicht« gelingen kann. Leider wurden die immensen Probleme, die Sie heute mit den vielfältigen ökologischen Systemen haben, bis vor wenigen Jahrzehnten, wenn überhaupt, dann nur von Einzelnen erahnt. Noch zu meiner Zeit war Ökologie eigentlich kein Thema, und ich muss eingestehen, wir, mich eingeschlossen, hätten schon viel mehr erahnen und verstehen können. Verstehen ist der Schlüssel für die Tür in die Zukunft. Nur wer versteht, was passiert ist und was aktuell passiert, kann sich auf die Zukunft vorbereiten. Die Alternative ist, blind zu hoffen, dass schon irgendetwas kommen wird.
**Forstner:** Aber das Problem ist doch, dass wir bei den rasanten Veränderungen, die sich auf unserem Globus abspielen, gar nicht mehr mit dem Verstehen hinterherkommen, und ich rede jetzt nicht nur von ökologischen Problemen.
**Whitehead:** Ja, da sprechen Sie einen entscheidenden Punkt an. Die Zeitspannen, in denen sich heute wesentliche Veränderungen ereignen, sind wesentlich kürzer als ein Menschenleben. Das galt schon für meine Generation, und für Sie hat das Tempo nochmals zugelegt.
**Forstner:** Also Tempo raus?
**Whitehead:** Ich befürchte, so einfach ist es nicht, denn selbst, wenn es gelingt, das Tempo zu drosseln – und ich wage es zu bezweifeln –, dann wissen Sie noch längst nicht, was weiter passieren wird. Ein einfaches Zurück in einen vermeintlichen Naturzustand gibt es nicht. Wir müssen uns immer wieder auf neue Umstände einstellen.

**Forstner:** Aber wir kennen die nächsten neuen Umstände doch noch gar nicht. Wie sollen wir uns dann darauf einstellen. Ist es nicht eher so, dass das Neue uns irgendwann überrollen wird und wir dann nur noch nacharbeiten können, um irgendwie mitzukommen?
**Whitehead:** Es kann keine Vorbereitung auf das Unbekannte geben,[28] da haben Sie vollkommen recht. Aber ich denke, genau hier könnte die Voraussicht ins Spiel kommen. In die Zukunft blicken kann nur der, der lernt, die Vergangenheit und die Gegenwart zu verstehen. Voraussicht ist nämlich das Produkt von Einsicht.
**Forstner:** Ja, gut, das machen im Prinzip die Wissenschaftler ja schon mit ihren Prognosen zum Klimawandel. Aber das allein führt ja noch nicht zum Handeln, höchstens zu Absichtserklärungen, was uns zum Beispiel jede Klimakonferenz wieder vor Augen führt.
**Whitehead:** Ja, weil das Verstehen, die Einsicht und somit die Voraussicht einen mächtigen Feind haben, nämlich die Routine.
**Forstner:** Wie das? Ohne Routine würde unser Leben ja noch komplizierter.
**Whitehead:** Ja, Routine ist die Göttin eines jeden sozialen Systems. Sie ist der Siebte Himmel für jeden Betrieb, die essentielle Komponente für den Erfolg eines Unternehmens, das Ideal von jedem Staatsmann. Kurz, die gesellschaftliche Maschinerie soll laufen wie ein Uhrwerk.[29] Aber – und das ist die andere Seite der Medaille – wenn die Routine perfekt ist, können Sie das Verstehen eliminieren.
**Forstner:** An Ihnen ist doch ein Poet verloren gegangen!
**Whitehead:** Nein, nein, diese Lorbeeren gebühren allein meiner Frau Evelyn. Ohne sie wäre ich nur ein weiterer Mathematikprofessor gewesen, ohne viel Sinn für Ästhetik.
**Forstner:** Aber mit Evelyn waren Sie erstklassig, sollen Sie mal gesagt haben.[30]

**Whitehead:** So, so, hab ich das? Damit kann ich aber nur Evelyn gemeint haben.
**Forstner:** Nun seien Sie doch nicht immer so bescheiden! Also, was sollen wir jetzt mit all unserer Routine machen, die uns das Leben etwas erleichtert? Einfach weg damit?
**Whitehead:** Besser nicht, denn jede Gesellschaft braucht Stabilität. Die Voraussicht selbst setzt eine gewisse Stabilität voraus, denn die brauchen Sie ja als Basis für Prognosen. Und Stabilität ist nun mal das Ergebnis von Routine. Aber der Routine sind auch Grenzen gesetzt. Und um Einsicht in diese Grenzen zu erhalten und entsprechende Vorkehrungen für notwendiges neues Handeln zu treffen, bedarf es der Voraussicht.
**Forstner:** Also lernen wir jetzt alle Hellsehen?
**Whitehead:** Schön wär's! Aber es ist mühsamer, wir müssen erst einmal die gegenwärtigen Verhältnisse soweit verstehen lernen, dass wir ein Gespür dafür entwickeln, welche aufkeimenden Veränderungen unsere unmittelbare Zukunft beeinflussen könnten. Nur auf diese Weise können wir voraussehen, was sich in nächster Zukunft ändern wird und was erhalten bleibt.
**Forstner:** Kann uns das wirklich gelingen?
**Whitehead:** Ich bin und bleibe nun mal ein unverbesserlicher Optimist, auch dann, wenn die Sache aussichtslos erscheint. Was nun die Balance zwischen systemerhaltender Routine und zukunftsgestaltendem neuen Handeln betrifft, haben wir, haben Sie noch sehr viel zu lernen. Denn eins ist klar: Die Zukunft muss von einer etwas anderen Art Mensch gestaltet werden als in den vergangenen Jahrhunderten.
**Forstner:** Hoffen Sie auf den nächsten Evolutionsschritt?
**Whitehead:** Ja, aber nicht im Sinne von »Es wird schon irgendwas kommen ...«, sondern von »Wir müssen den Blick in die Zukunft wagen!« – und dann auch den Mut finden, zukunftsgestaltend zu handeln.

# Zukunft 4.0 – die Abstraktion wird immer abstrakter

**Lesch:** Noch vor 15 Jahren hat kaum einer geahnt, mit welchem Tempo inzwischen Globalisierung stattfindet, vor allen Dingen die Geschichte mit der Cloud. Was jetzt passiert, ist die Digitalisierung 4.0. Wir haben ja am Anfang davon gesprochen, dass wir Zeit verräumlichen. Was bedeutet es denn, wenn unsere Daten oder das, was uns in irgendeiner Art und Weise interessiert, gar keinen Platz mehr hat, also keinen Ort mehr hat, wo es ist? Was bedeutet das für den Zeitbegriff, wenn wir keine Räume mehr haben, wo Dinge stattfinden, weil sie gleichzeitig überall stattfinden können? Bedeutet das, dass wir anfangen, in die Ewigkeit vorzustoßen?
**Geißler:** Ist das nicht letztlich die Angleichung des Raumbegriffs an den Zeitbegriff. Denk an die Frage »Wo ist die Zeit?«
**Lesch:** Du meinst, Raum- und Zeitbegriff lösen sich auf?
**Geißler:** Ja, oder du kannst auch sagen, die Abstraktion wird immer abstrakter.
**Lesch:** Naja, also …
**Geißler:** Ist es nicht so, dass der Fortschritt darin besteht, dass wir immer abstrakter werden? Und immer auf der Ebene der Abstraktion weiterkommen?
**Lesch:** Aber ist das …
**Geißler:** …das, was wir als Weiterkommen bezeichnen.
**Lesch:** …ist das ein notwendiger Evolutionsschritt? Ich meine, ein notwendiger Schritt einer Gesellschaft, die eine bestimmte Komplexität erreicht hat, dass sie automatisch immer abstrakter wird, bis zum Beispiel hin zum Zugriff auf Daten für alle?
**Geißler:** Das ist eine Notwendigkeit für eine Gesellschaft, die auf gewissen Schienen sitzt. Zum Beispiel braucht die Ökonomie Abstraktionen in zunehmendem Maße für ihre Dynamik, weil

das Wachstum produziert. Geld ist die größte Abstraktion. Was damit gemacht wird, ist eher unwichtig, Hauptsache mehr.
**Lesch:** Aber irgendeine Art von Ökonomie hat doch jede Gesellschaft!
**Geißler:** Ja, klar.
**Lesch:** Wenn es so ist, dass Ökonomie diese Abstraktion befördert, antreibt und sie natürlich auch braucht, dann kommt man um die Abstraktion gar nicht drum herum.
**Geißler:** Nein, nein, zum Beispiel hatte die Naturökonomie der Naturgesellschaften kein Wachstum in dem Sinn, sondern sie hatten Zyklen von Wachstum und Verfall, an denen sie sich orientierten.
**Lesch:** Ja, aber dieser Mythos von den Naturvölkern, die sich selbst stabilisiert haben in ihrer Populationsdichte, also in der Anzahl der Individuen, in der Ressourcenbegrenzung usw., der stimmt doch offenbar nicht. Wenn man sich anschaut, dass diese Naturvölker praktisch alle Jäger und Sammler waren und daher einen Flächenverbrauch pro Kopf hatten, der tierisch war.
**Geißler:** Ja, und?
**Lesch:** Ab einer bestimmen Größe von Population kannst du nicht mehr Jäger und Sammler sein.
**Geißler:** Richtig.
**Lesch:** Da musst du Landwirtschaft betreiben.
**Geißler:** Auch klar.
**Lesch:** Weil du einfach soviel Welt gar nicht mehr zur Verfügung hast, das heißt, du fängst an, dich irgendwie zu organisieren. Und dann bekommst du zwangsläufig mit dem Problem »Zeit« zu tun, Zeit spielt dann eine ökonomische Rolle.
**Geißler:** Ja, genau.
**Lesch:** Also ist es praktisch unumgänglich gewesen, dass die Menschen anfingen, sich über Zeit Gedanken zu machen und sich dementsprechend zu organisieren. Würdest du sagen, dass es absolut notwendig war?

**Geißler:** Ja, natürlich! Von Anfang an haben sie sich über Zeit Gedanken gemacht, weil sie zum Beispiel für den nächsten Winter planen mussten. Sie mussten Veränderungen wahrnehmen. Aber ob sie das über Zeit wahrgenommen haben? Das ist doch der Punkt: Worüber du Veränderung wahrnimmst und ob du dazu die Kategorie Zeit brauchst. Im Mittelalter war es sogar verboten, über Zeit zu diskutieren. Nur wenigen Leuten war es erlaubt, über den aristotelischen Zeitbegriff an der Pariser Uni zu diskutieren.
**Lesch:** Hinter verschlossenen Türen.
**Geißler:** Hinter verschlossenen Türen durften sie sich streiten über Zeit. Ansonsten war das kein Thema, kein Mensch hat über Zeit geredet, und wer darüber geredet hat, der ist eher auf dem Scheiterhaufen gelandet als irgendwie dafür prämiert worden. Eine Kategorie wie Zeit war damals gar nicht erwünscht, weil sie die Leute von den konkreten Abläufen ferngehalten hat. Und die konkreten Abläufe waren eben das, nach dem Gesellschaft organisiert worden ist.

# Fußnoten zu Platon

**Forstner:** Werden unsere Abstraktionen wirklich immer abstrakter?
**Whitehead:** Leider bin ich weit davon entfernt, über Dinge wie die Cloud Bescheid zu wissen. Aber ich bekomme durchaus mit, dass Ihre Welt noch komplexer geworden ist, als meine es ohnehin schon war, und dass sie vermutlich auch abstrakter ist, in dem Sinne, dass die Abstraktionen komplexer geworden sind.
**Forstner:** Also nicht unbedingt mehr Abstraktionen, dafür aber komplexere?
**Whitehead:** Im Prinzip ja. Abstraktionen sind ja nichts anderes als Begriffe, die es uns ermöglichen, jenseits der konkreten Geschehnisse nachzudenken. Unser Nachdenken kreist aber im Wesentlichen immer noch um dieselben Themen wie das der alten Griechen: Was ist die Ursache für unser Sein? Wie sollen wir unser Leben leben? Oder die einfache, aber gar nicht banale Frage: Was ist Gerechtigkeit?
**Forstner:** Was hat das mit unseren Abstraktionen zu tun?
**Whitehead:** Was ich sagen möchte, ist, dass die großen Fragen der Menschheit immer noch die gleichen sind, mit denen sich schon Sokrates und Platon herumschlugen. Um über diese Fragen nachdenken zu können, brauchen wir Abstraktionen, und sie können mehr oder minder komplex sein. Wenn Sie als Ursache für unser Sein einen Gott annehmen, dann ist das eine Abstraktion, die, je nachdem, wie Sie sich Gott vorstellen, recht einfach, aber auch hochkomplex sein kann. Der bewegte Beweger von Aristoteles war in dieser Hinsicht vermutlich einfacher zu denken als der dreifaltige Gott der Christen. Und den Urknall zu denken, ist erst recht hochkomplex, zumal Sie die Frage nach Gott damit auch nicht loswerden. Sie verschieben sie höchstens.
**Forstner:** Also unser ganzes Denken nur Fußnoten zu Platon? Das ist übrigens das berühmteste aller Whitehead-Zitate.[31]

**Whitehead:** Wirklich? Damit wollte ich aber nicht die Geschichte des Denkens nach Platon abwerten, sondern meiner Bewunderung für Platon Ausdruck geben. Sein Werk war für mich eine unerschöpfliche Ideenquelle. Er muss über einen unglaublichen Erfahrungsschatz verfügt haben und von ganz herausragender Begabung gewesen sein. Ein ganz außerordentlicher Mensch!
**Forstner:** Herausragend genug selbst für unsere komplexe und abstrakte Epoche?
**Whitehead:** Ganz gewiss! Eben darauf wollte ich hinaus: Ich meine, es gibt kein ernstzunehmendes philosophisches Thema, das nicht auch Platon schon kannte. Die Themen bleiben: Leben, Glück, Tod. Was dazu gekommen ist, sind wissenschaftliche Erkenntnisse und technische Errungenschaften. Aber eine Antwort auf die Frage, nach dem Ursprung der Welt oder nach dem Sinn des Lebens haben wir immer noch nicht. Ich meine, dass wir nicht wesentlich mehr Abstraktionen haben als Platon, sie mögen lediglich komplexer, umfangreicher sein, angereichert mit Wissen, über das Platon noch nicht verfügen konnte.
**Forstner:** Gut, wir wissen heute, warum die Sonne morgens wieder aufgeht, und müssen keinen Gott mehr bemühen. Obwohl das manchmal durchaus einfacher wäre, als nach einer wissenschaftlichen Begründung zu suchen, die ja, wie Sie schon sagten, die Gottesfrage auch nur nach hinten verschiebt.
**Whitehead:** Genau das meine ich, wenn ich sage, es wird komplexer, und dann werden sicher auch die dazugehörigen Abstraktionen komplexer: Ein physikalisches Gesetz ist auch nur eine Abstraktion, losgelöst vom konkreten Ereignis. Und sicher ist es schwieriger, die moderne Physik zu verstehen, als den Willen der Götter anzunehmen – obwohl ...
**Forstner:** Zurück zur Zeit?
**Whitehead:** Oh, hab ich mich von meiner Bewunderung für Platon davontreiben lassen?

# Alles fließt: Teil I

**Lesch:** Wenn jetzt ein Philosoph behauptet, zu einer ordentlichen Metaphysik als der Lehre vom Sein als Ganzes gehöre natürlich auch die Zeit. Wenn du aber sagst, die Zeit ist eine völlig vom Menschen konstruierte …
**Geißler:** … Metapher.
**Lesch:** … Metapher, dann gehört sie vielleicht gar nicht in eine Metaphysik. Was aber sehr wohl in eine Metaphysik hineingehört, ist die Eigenschaft des Seins, sich zu verändern.
**Geißler:** Genau!
**Lesch:** Und dazu könnte man – man muss nicht, aber man könnte – die Metapher Zeit verwenden.
**Geißler:** Hm, die Frage ist, welche Metapher verwendest du? Was hast du denn für eine Vorstellung von Zeit? Aber, und das ist das Interessante, du kommst nicht aus der Vorstellung von Zeit heraus. Du kannst nicht sagen: Lassen wir mal die Vorstellung weg und kommen wir mal richtig zur Zeit! Das geht nicht! Du kommst nur von einer Vorstellung zu nächsten.

**Whitehead:** Richtig! Und damit sind wir wieder bei der Aufgabe der Philosophie, nämlich unsere Vorstellungen kritisch zu überprüfen, die sich hinter unseren abstrakten Begriffen verbergen.

**Geißler:** Und die gebräuchlichste Vorstellung ist die: Du stehst auf der Brücke und schaust auf die Zeit als Fluss.
**Lesch:** Ja, und dann sind wir bei »Alles fließt«.
**Geißler:** Sozusagen.
**Lesch:** Ja, ja. Und geht das nicht einher damit, wie unterschiedlich die Zeit verläuft? Was ja letztlich die Erfahrungswelt des Individuums betrifft.
**Geißler:** Mhm.

**Lesch:** Das ist es, was mich an Whitehead so begeistert: endlich mal ein Philosoph, der nicht vergisst, dass es Menschen gibt in der Welt, dass es Subjekte gibt, die eine Innenperspektive haben. Die mit ihren Visionen, Hoffnungen, Zielen ein so wichtiger Anteil des Seins sind, dass man nicht einfach immer wieder darüber hinweggehen kann und dass man nicht sagen kann, das ganze Sein ist letztlich immer nur physisch oder irgendetwas, das mit den empirischen Wissenschaften zu tun hat. Sondern da treten eben noch ganz andere Effekte auf, die sich in einer viel komplexeren und komplizierteren Art und Weise realisieren. Wirklichkeit wird dabei aus einer ganz anderen Richtung betrachtet.

**Whitehead:** Oh, ob mir so viel Lob wirklich zusteht? Aber es tut gut zu wissen, dass die Ideen weiterleben.
**Forstner:** Ihre Ideen!
**Whitehead:** Oh nein! Wie gesagt, da ist nichts dabei, was nicht auch Platon schon angedacht hat. Alles, was ich getan habe, ist, es mit meinem naturwissenschaftlichen Wissen zu verknüpfen.
**Forstner:** Das ist allerhand! Seien Sie nicht so bescheiden!
**Whitehead:** Vielen Dank! Und jetzt genug der Ehre.
**Forstner:** Wollen wir dieses »Alles fließt« aufgreifen?
**Whitehead:** Unbedingt! Das halte ich nämlich für eine Ur-Intuition der Menschheit, und in meinem Buch *Process and Reality* geht es eigentlich um nichts anderes, als diese Ur-Intuition etwas zu erhellen.
**Forstner:** Aber da geht es doch nur am Rande um Zeit.
**Whitehead:** Ja, denn in »Alles fließt« steckt sehr viel mehr drin als nur eine Vorstellung von Zeit, vorausgesetzt man nimmt diese Metapher ernst.
**Forstner:** Bevor wir alles fließen lassen, sollten wir uns noch etwas über stehende Zeit anhören.
**Whitehead:** Können wir gerne machen, auch wenn ich nicht glaube, dass das ein sinnvoller Begriff ist.

# Stehende Gewässer der Zeit

**Lesch:** Ich finde das, was die Philosophie in letzter Zeit macht, bemerkenswert. Du hast vorhin angesprochen, dass wir immer abstrakter geworden sind, aber durchaus auch Übergänge erkennbar sind hin zum Konkreten. Das gilt auch für die Philosophie. Wir haben abstrakte Philosophie bis zum Gehtnichtmehr, und das Pendel schlägt jetzt wieder in die praktische Philosophie. Man will heute wieder von der Philosophie wissen: Was soll ich tun? Gerhard Vollmer hat das mal so schön gesagt: Philosophie ist Denken auf Vorrat. Wir haben uns also mit Problemen auseinandergesetzt. Ob es die wirklich geben wird, wissen wir noch nicht, aber wir haben vielleicht Lösungen anzubieten. Und nun wird die Philosophie tatsächlich gefragt: Was sollen wir tun? Zum Beispiel in der Umweltethik. Dafür ist es notwendig, erst einmal einen Naturbegriff zu haben, denn: Was für eine Art von Natur willst du jetzt eigentlich beschützen? Wenn man, sagen wir, durch Oberbayern fährt, dann ist das ja ein Kulturraum, der bis auf den letzten Grashalm vom Menschen gemacht worden ist, und schon lange kein Naturraum mehr. Da gibt es kaum noch Teile von Natur, die in den letzten 200 oder 300 Jahren sich selbst überlassen waren. Selbst in den alpinen Höhen gibt es kaum noch einen Quadratmeter, der nicht schon mal von irgendjemandem betreten, besetzt oder sonst was wurde. Und dann wird es schon interessant zu fragen: Was steckt eigentlich drin in dieser Natur? Bis heute Morgen war ich eigentlich schon der Meinung, dass Natur eine Zeit besitzt. Aber du hast natürlich Recht, wenn du sagst, im Grunde reden wir dann immer nur über Veränderungen.
**Geißler:** Ja.
**Lesch:** Und da schließt sich dann auch der Kreis, weil das letztlich der einzige stabile Begriff von Zeit ist: Veränderung. In der Physik machen wir das über die Entropie. Da sagen wir, die

Zunahme von Entropie ist ein Maß für Veränderungsmöglichkeiten. Solange sich noch was ändert, die Entropie noch nicht ihr Maximum erreicht hat, vergeht Zeit. Wenn aber dieser Zustand erreicht ist, dann ist alles im Gleichgewicht, es gibt keine Veränderung mehr, also auch keine Zeit mehr – für die Physik.
**Geißler:** Guter Trick, nur klappen muss er. Denn es stellt sich weiter die Frage: Warum brauchen wir die Abstraktion Zeit? Obwohl du sagst, es gibt einen Drang zum Konkreten: Also sag doch mal konkret, ich will ja konkret was ändern! Und trotzdem gibt es einen wahnsinnigen Sog zur Abstraktion. Wenn jemand sagt: »Ich habe keine Zeit!«, traut sich keiner zu fragen …
**Lesch:** »Wozu nicht?«
**Geißler:** »Welche Zeit hast du nicht?«
**Lesch:** »Uhrzeit, Lebenszeit?«
**Geißler:** »Welche Zeit fehlt dir?« Einfach eine konkrete Frage! Mit der Abstraktion wird viel gemacht, sie ist bestimmend, und deshalb gibt es wahrscheinlich den Wunsch, konkret zu werden. Aber wenn dann jemand konkret wird, merkst du sofort, nein, das wollen sie doch nicht hören, sie wollen was anderes hören. Ja, es gibt einen wahnsinnigen Wunsch, konkret zu werden, aber die Konkretion selbst wird nicht akzeptiert, sondern die Abstraktion ist viel attraktiver, mit der will man arbeiten.
**Forstner:** Das ist auch einfacher und sicherer!
**Geißler:** Ja, natürlich sicherer, weil sie interpretierbarer ist. Jeder kann sich was dazu denken.
**Forstner:** Und man kann sich hinter der Abstraktion verstecken.
**Lesch:** Zeit ist dann eher so etwas wie ein Vorhang, und wie bei allen abstrakten Dingen ist es nicht mehr anschaulich. Die schönen Sätze der Griechen von wegen »Alles fließt« oder »Das Verfließen der Zeit«, das ist alles weg. Zeit ist dann eigentlich etwas Eigenschaftsloses.
**Geißler:** Ja, erst einmal ist das so, aber du musst es dann doch ein bisschen konkretisieren, um überhaupt eine Vorstellung zu bekommen. Das Bild vom Fluss der Zeit bleibt trotz allem

Abstraktion. Schon die Frage »Gibt es stehende Gewässer der Zeit?« ist sehr peinlich.
**Lesch:** Die gibt es aber, oder? Uhrzeittechnisch könnte man stehende Gewässer kreieren. Also ein schwarzes Loch wäre ein stehendes Zeitgewässer, da geht nichts mehr, zumindest uhrzeitmäßig nicht. Währenddessen aber gibt es nach wie vor die kosmische Zeit, nämlich das Universum breitet sich aus, das kannst du nicht stoppen.
**Geißler:** In gewissem Maße gibt es stehende Gewässer der Zeit. Es gibt Pausen als gesellschaftliche Kategorie, je nachdem, wie du hinschaust. Ist ein Stau ein stehendes Gewässer der Zeit? Mit sozialen Kategorien lassen sich diese stehenden Gewässer durchaus konstruieren. – Aber noch mal zurück zu »Ich habe keine Zeit!« Warum kann so ein Argument heute und hier so widerspruchslos akzeptiert werden? In Sri Lanka zum Beispiel würde so ein Argument auf Widerstand stoßen, und manche Leute würden das gar nicht verstehen, wenn jemand sagt: »Ich habe keine Zeit!« Die würden sagen …
**Lesch:** »Bist du verrückt!?«
**Geißler:** »Was heißt das?« Aber für uns ist es eine Selbstverständlichkeit, so etwas zu sagen. Weil keine Zeit zu haben gesellschaftlich positiv sanktioniert wird. Deshalb fragt auch niemand nach, und deshalb sagt auch niemand: »Ist ja unverschämt, keine Zeit zu haben!«

# Alles fließt: Teil II

**Forstner:** Also, wir sind uns offenbar doch einig. Auf die eine oder andere Art und Weise halten wir alle fest an »Alles fließt«, während stehenden Gewässern der Zeit etwas arg Konstruiertes anhaftet.
**Whitehead:** Wie gesagt, wir sollten diese Ur-Intuition ernst nehmen und prüfen, was sich hinter dieser schönen Metapher verbirgt. Ich habe mal versucht, dieses ewige Fließen etwas zu strukturieren, um es besser fassen zu können.
**Forstner:** Ich glaube, ich erinnere mich. Sie haben zwei Arten des Fließens unterschieden: »Konkretisierung« und »Übergang«*.
**Whitehead:** Stimmt, und jetzt noch mal ohne technische Begriffe, dafür mit ein paar erklärenden Worten?
**Forstner:** Ja, bitte!
**Whitehead:** Also, die Ereignisse bzw. Erfahrungen, die ich als die grundlegenden Einheiten oder Bausteine der Welt betrachte, sind individuelle Ereignisse. Und in jedem individuellen Ereignis fließt das Universum der vielen Dinge zusammen. Aus dem Vielen ergibt sich ein neues Ereignis. Man könnte jedes Ereignis, jede Erfahrung auch als einen individuellen Standpunkt zur Welt bezeichnen. Da ist ein Fluss erkennbar von allem bisher Gewesenen zu diesem neuen Einen.[32]
**Forstner:** Also Fließen verstanden als Werden eines neuen Ereignisses?
**Whitehead:** Genau, das ist sozusagen das Fließen im mikroskopischen Maßstab. Aus dem Vielen wird das neue individuelle Eine.
**Forstner:** Und die zweite Art des Fließens findet dann auf der Makroebene statt?

---
* Vgl. Glossar: *concrescence* und *transition*

**Whitehead:** Ja, damit meine ich den Prozess von einer individuellen Einheit zu einer neuen individuellen Einheit. Dieses Fließen schließt sich unmittelbar an das erste an. Denn sobald eine individuelle Einheit aus der Vielheit erreicht ist, vergeht sie, denn sie geht sofort ein in eine neue individuelle Einheit.
**Forstner:** Nichts steht still!
**Whitehead:** Zumindest nicht auf der konkreten, individuellen Ebene. Da haben Sie ständiges Fließen, und das beinhaltet stetiges Vergehen, aber auch objektive Unsterblichkeit.
**Forstner:** Stetiges Vergehen ist klar! Wenn alles fließt, dann vergeht auch alles. Aber Unsterblichkeit? Wir hatten das vorhin zwar schon einmal bei der unsterblichen Vergangenheit. Aber ehrlich gesagt, stell ich mir das mit der Unsterblichkeit anders vor. Im ewigen Fließen und Vergehen kann ich keine Unsterblichkeit erkennen.
**Whitehead:** Vermutlich, weil Sie Unsterblichkeit lieber für das Individuum annehmen würden. Ja, das würden wir gerne! Was ich aber meine, ist die objektive Unsterblichkeit. Indem ein individuelles Ereignis, nennen wir es ruhig Subjekt, vergeht, wird es zum Objekt für alle folgenden Ereignisse, und so betrachtet ist es unsterblich. Wenn also Ereignisse vergehen, verlieren sie ihre Subjektivität, sie können sich nicht mehr verändern, sie sind nicht mehr aktiv. Stattdessen werden sie zu objektiven Tatsachen, die für alle nachfolgenden Ereignisse so bleiben, wie sie sind. Anders ausgedrückt: Sie können die Vergangenheit nicht ändern, sie ist unsterblich.
**Forstner:** Na ja, ist ja auch schon was … Und wohin bringt uns das ewige Fließen? Haben wir darauf irgendeinen Einfluss? Haben wir einen freien Willen?
**Whitehead:** Warum wollen Sie es ausgerechnet an dieser Stelle wieder einfach haben? Warum fragen so viele vernünftige Leute nach dem freien Willen und wollen ein einfaches Ja oder Nein, wenn die Sache doch ganz offenbar viel komplexer ist?

**Forstner:** Vielleicht weil sie eh schon kompliziert genug ist?
**Whitehead:** Sicher ist sie das, und gerade deshalb dürfen wir unsere Augen vor der Komplexität der Wirklichkeit nicht verschließen. Wenn wir auch nur die geringste Chance haben wollen, etwas zu begreifen, müssen wir uns von einfachen Ja-Nein-Fragen verabschieden!
**Forstner:** Gut, gut, ich ziehe die Frage nach dem freien Willen zurück.
**Whitehead:** Der Prozess des Fließens hat viele Aspekte. Wenn aus dem Vielen ein neues Eines wird, dann hat dieser Prozess ein Ziel, nämlich eben dieses neue Eine. Und dieses Ziel ist durchaus als subjektives Ziel zu verstehen, denn in seinem Entstehen ist jedes Ereignis als aktives Subjekt begreifbar. Wie frei dieses subjektive Ziel wirklich ist, sei jetzt erst einmal dahingestellt. Viel wichtiger ist mir hier, dass es überhaupt um Ziele bzw. Zwecke geht. Denn auch das ist ein Aspekt, der in der Physik abhandengekommen ist. Sie kennt nur noch Ursache und Wirkung im Sinne eines kausal wirksamen Prozesses.
**Forstner:** Also die aristotelischen Wirkursachen.
**Whitehead:** So ist es. Aber Aristoteles kannte auch Zweckursachen, und die sind uns in der Neuzeit abhandengekommen.
**Forstner:** Ja, vermutlich weil man mit der Frage nach Ziel und Zweck über kurz oder lang auch bei der Gottesfrage landet, und die will man aus der Physik doch lieber ausklammern.
**Whitehead:** Ja, aber dadurch berauben wir uns einer möglichen Sicht der Dinge.
**Forstner:** Eigentlich schade, oder?
**Whitehead:** Ja, durchaus, und selbst wenn wir nicht gleich auf die Gottesfrage abheben wollen, dann können wir doch kaum leugnen, dass wir Zwecke und Ziele verfolgen und nicht nur auf Ursachen reagieren. Um es etwas systematischer zu fassen: Der Prozess hin zur Konkretisierung eines Ereignisses lässt sich als teleologischer Prozess betrachten, denn das neue Eine ist ein finaler Zweck. Das neue Ereignis ist zunächst nur

möglich, wird aber dank des subjektiven Ziels konkret und damit wirklich. Während der Übergang von einem wirklichen individuellen Ereignis zum nächsten als kausal wirksamer Prozess zu deuten ist, ausgelöst durch eine effektive Ursache, nämlich der unsterblichen Vergangenheit. Hier haben Sie den Übergang von erreichter Wirklichkeit zu noch zu erreichender Wirklichkeit.[33]
**Forstner:** Aha!?
**Whitehead:** Nicht klar? Noch mal?
**Forstner:** Ich befürchte, das hilft auch nicht wirklich, zumal mir diese Trennung in einen teleologischen, also zielgerichteten Prozess und in einen kausal wirksamen Prozess ziemlich künstlich erscheint. Das ist doch auch wieder nur eine Abstraktion!
**Whitehead:** Völlig richtig! Aber manchmal muss man die Wirklichkeit zerpflücken, um der Komplexität Herr zu werden. Wir versuchen ja gerade, das Kuddelmuddel aus Vergangenheit, Gegenwart und Zukunft, etwas zu entknoten und der Ur-Intuition »Alles fließt« ein bisschen näher zu kommen. Und da scheint mir wichtig zu sein, dass man nicht nur auf die Wirkursachen schaut, also nicht nur fragt, woher das Fließen kommt.
**Forstner:** Sondern auch fragt, wohin das Fließen geht?
**Whitehead:** Ja, das ewige Fließen wird zu einer recht schalen Angelegenheit, wenn wir nur auf das Woher schauen. Das Woher ist die Vergangenheit, das ist nur eine Ansammlung von Tatsachen, die sich nicht mehr verändern lassen. Das Fließen aber hat auch ein Wohin, es geht stets in eine Zukunft und die besteht aus Möglichkeiten, die sehr real sind, wenngleich sie erst noch wirklich werden müssen. Aber nicht alle Möglichkeiten, die die unsterbliche Vergangenheit zulässt, das heißt die mit den Wirkursachen vereinbar sind, werden auch wirklich. Wir können nicht gleichzeitig nach links und nach rechts gehen, auch wenn es möglich wäre. Wir müssen wählen,

mal mit größerer, mal mit geringerer Wahlmöglichkeit. Und wählen können wir nur, wenn wir Ziele haben, egal ob sie uns bewusst sind oder nicht. Ohne Zwecke und Ziele bliebe eine Möglichkeit eine Möglichkeit, und es gäbe keine Zukunft. Wenn wir uns jetzt noch mal fragen, was Gegenwart eigentlich genau ist, dann könnten wir Gegenwart als den Prozess begreifen, in dem bisher nur Mögliches wirklich wird.

**Forstner:** Also Fließen, wohin man schaut: Von der Vergangenheit zur Gegenwart, von der Gegenwart zur Zukunft, von vielen Möglichkeiten zur einer Wirklichkeit, von schon erreichter Wirklichkeit zur noch zu erreichenden Wirklichkeit, von effektiver Ursache zu subjektivem Ziel, von stetigem Vergehen zu objektiver Unsterblichkeit. Bei all dem Fließen fände ich es jetzt schon schön, wenn auch irgendetwas beständig wäre!

# Irgendetwas passiert immer!

**Lesch:** Könnte man die ganze Auseinandersetzung über Zeit in den Satz packen »Irgendetwas passiert immer«?
**Geißler:** Natürlich.
**Lesch:** Und das, was passiert, haben wir strukturiert, und die Form der Ordnung ist eben die Zeit? Also irgendwas passiert ja immer.
**Geißler:** Natürlich passiert immer etwas …
**Lesch:** … immer, immer, was ja schon komisch genug ist …
**Geißler:** Ja, und die Zeit ist der Versuch, das in eine Ordnung zu bringen, klar. Die Frage ist, in welche Ordnung, das ist das Entscheidende: in eine lineare Ordnung oder in eine zyklische Ordnung oder in eine spiralförmige Ordnung, oder was du willst. Das ist ja der Punkt, dass sich diese Abstraktion dadurch, dass sie von einer Vorstellung gefolgt wird, in Praxis umsetzt. Die Vorstellung wird praktisch! Das Phänomen Zeitmuster, das Muster, wie die Zeit organisiert wird, ist abstrakt, aber wie du das Phänomen siehst, bestimmt eine Ordnung, die zurückschlägt auf die Lebensgestaltung, die Weltgestaltung.
Du verhältst dich entsprechend dieser Vorstellung, dieser Ordnung, die Welt wird entsprechend organisiert, natürlich auch die Wirtschaft. Ich denke, darin steckt auch eine Dynamik, denn im Laufe unserer Entwicklung haben die Abstraktionen zugenommen, weil wir immer mehr Vorstellungen in sie reinpacken. Das ist sozusagen das Wachstumselement, wir packen immer mehr Vorstellungen rein. Das nennen wir dann auch Demokratie, weil es immer mehr Möglichkeiten gibt.
Die Zeit ist ja etwas Hochdemokratisches, jeder kann sich eine Metapher dazu ausdenken.
**Lesch:** Jeder kann sich dafür eine ausdenken?
**Geißler:** Es ist keine vorgeschrieben. Doch, es ist eine vorgeschrieben, die der Bundesanstalt in Braunschweig.

**Lesch:** Die ist ja sehr präzise.

**Geißler:** Präzise und vorgeschrieben, weil gesetzmäßig festgelegt. Darüber wacht die Bundesregierung, genauso wie beim Geld. Du darfst ja kein Geld verbrennen oder sonstwie vernichten, und genauso darfst du die Zeit in Braunschweig nicht vernichten.

**Forstner:** Kann man Zeit vernichten?

**Geißler:** Den Repräsentanten der Zeit, die Uhr, ja. Das ist wie beim Geld: Man verbrennt den Schein und wird bestraft dafür, und man zerschlägt die Uhren und wird bestraft dafür. Aber die Zeit vernichten? Nein.

**Lesch:** Im Gegenteil, schon die Zerstörung der Zeit ist ein zerstörerischer Akt, der nur in der Zeit stattfinden kann.

**Geißler:** Hm …

**Lesch:** Zeit lässt einen nicht in Ruhe! Fürchterlich!

**Geißler:** Aber noch mal zur Uhr. Man muss sich das mal vor Augen führen, mit welcher Gewalt diese Vorstellung von Uhrzeit bei uns wirksam ist, dadurch dass sie gesetzlich fundiert ist. Die Amerikaner haben das im Pentagon situiert, also das Verteidigungsministerium der USA wacht über die Zeit. Oder auch in Italien, da kommt der Wetterbericht vom Militär.

**Lesch:** Ja, da steht einer in der Uniform.

**Geißler:** Und Wetter ist gleich Zeit, also die Zeit wird auch in Italien vom Militär beherrscht.

# Die Gottesfrage? Vertagt!

**Forstner:** Zeit lässt sich nicht vernichten, weil immer etwas passiert, weil dauernd etwas wird.
**Whitehead:** Ja, ja.
**Forstner:** Aber jetzt muss ich doch noch mal nach dem Beständigen fragen. Gibt es das denn gar nicht?
**Whitehead:** Tja, dann sind wir also doch noch bei der Gottesfrage angekommen ... [34]
**Forstner:** Warum?
**Whitehead:** Weil Sie Fließen und Beständigkeit nur zusammenbringen können, wenn Sie der zeitlichen Welt mit ihrem stetigen Vergehen eine Unsterblichkeit an die Seite stellen, die frei ist von Vergehen. Das wäre dann tatsächlich eine Unsterblichkeit, die über die objektive Unsterblichkeit der Vergangenheit hinausgeht.[35] Danach hatten Sie doch vorhin gefragt.
**Forstner:** Ja, schon.
**Whitehead:** Und um das denken und ausdrücken zu können, ist auch mir kein anderer Name als Gott\* eingefallen.
**Forstner:** Jetzt stehe ich vor einem Dilemma.
**Whitehead:** Ist die Gottesfrage wirklich so abschreckend?
**Forstner:** Nein, nein, missverstehen Sie mich nicht! Sie ist heutzutage tatsächlich arg an den Rand unseres Denkens gerückt, aber das macht sie vielleicht nur noch spannender und auch geheimnisvoll. Ich habe gerade kein Problem mit Gott, sondern mit der Zeit, um es genau zu sagen mit der Uhrzeit. Ich habe nämlich ...
**Whitehead:** ... keine Zeit mehr?
**Forstner:** Professor Geißler und die Menschen auf Sri Lanka mögen mir verzeihen! Ich kann auch gerne eine konkrete Erklärung abgeben, anstatt mich hinter dem abstrakten

---
\* Vgl. Glossar: *God*

»Keine Zeit!« zu verstecken. Fakt ist, dass ich um 12:30 Uhr meine Tochter aus der Schule abholen muss. Ich kann also nur noch ein wenig Zeit, genau gesagt, wenige Uhrzeitminuten, mit Ihnen verbringen. Und das bringt mich in folgendes Dilemma: Frage ich Sie nun noch eine kurze Weile über Gott und die Welt aus – und ich weiß, dass Sie dazu viel und Spannendes zu sagen hätten –, oder bleibe ich bei unserem Thema Zeit und spiele Ihnen noch den Rest des Gesprächs zwischen Geißler und Lesch vor?
**Whitehead:** Hm, nur gut, dass ich keine Zeitprobleme mehr habe ... Was halten Sie davon, wenn wir, gerade weil es jetzt akut ist, beim Thema Zeit bleiben? Über Gott und die Welt können wir uns auch später noch unterhalten. Kommen Sie doch einfach wieder. Ich würde mich sehr freuen, denn so zeitlos und beständig ist es manchmal auch ein bisschen öd ...
**Forstner:** Ich weiß nicht, ob ich es noch mal hierher schaffe, das war recht mühsam, aber es wäre ein schönes Ziel.
**Whitehead:** Ich laufe Ihnen nicht weg, denn auch ich bin unsterbliche Vergangenheit. Sie können aber die Vergangenheit jederzeit befragen und neu interpretieren, eventuell sogar Vergessenes wiederfinden und so die Vergangenheit in neuer Art und Weise in Ihren individuellen Standpunkt zur Welt einfließen lassen. Sie sind jederzeit herzlich dazu eingeladen!
**Forstner:** Ich danke Ihnen! Also dann noch zum Schluss eine etwas längere Passage, in der Lesch und Geißler schon Gesagtes zusammenführen und neue Aspekte hinzufügen und in der ganz gut zum Ausdruck kommt, wie es mir gerade geht, nämlich hin- und hergerissen zwischen Takt und Rhythmus.

# Takt und Rhythmus

**Lesch:** Als ich dich zum ersten Mal gehört habe, da war ich völlig begeistert von der Wahnsinnserkenntnis, dass es einen Unterschied gibt zwischen Takt und Rhythmus. Also Rhythmus, durchaus etwas periodisch Wiederkehrendes, aber eben flexibel, dehnbar, und auf der anderen Seite Takt.
**Geißler:** Das scheint ihr Physiker immer durcheinander zu bringen, und dann löst das so einen Aha-Effekt aus: Das hab ich noch nie so gesehen, das ist ja völlig neu für mich!
**Lesch:** Ja, siehste!
**Geißler:** Mit Takt ist ein ganz neues Muster in die Gesellschaft gekommen. Wie Zeit sich darstellt, ist ja immer ein Muster für gesellschaftliche und persönliche Organisation, und die Frage ist, welche Vorstellung prägt welches Muster als Handlungsanweisung. Wie verhalte ich mich, wenn ich mich zeitlich verhalte? Welches Muster nehme ich an? Denn Zeit ist ja, wie gesagt, nur eine Abstraktion. Bis vor 600 Jahren hat die Welt nur auf die Natur geschaut. Die Signale für Zeit holte man sich aus seiner Umgebung oder aus sich selbst. Das änderte sich schlagartig mit der Uhr. Das heißt, die Signale hole ich mir jetzt von der Uhr. Aber die Uhr ist nur ein toter Gegenstand! Ich hole mir also die Signale von einem toten Gegenstand, der vertaktet ist, wie alle Mechanik vertaktet ist. Die Natur dagegen ist rhythmisiert.
**Forstner:** Und es dauert, solange es eben dauert.
**Geißler:** Mhm.
**Lesch:** Genau!
**Forstner:** Es darf aber nichts mehr dauern!
**Geißler:** Die Natur hat ihre Zeiten. Erst die Uhr hat die Beschleunigung in die Gesellschaft gebracht, denn nur Takt kann ich beschleunigen. Rhythmus kann ich zwar beschleunigen, dann wird es aber ein anderer Rhythmus. Oder ich kann nachhelfen,

also durch Vertaktung nachhelfen. Indem ich zum Beispiel dünge, kann ich Natur beschleunigen.
**Lesch:** Letztlich kommt es doch nur darauf an zu kontrollieren. Ich will einen Vorgang kontrollieren, um ihn manipulieren zu können, ihn möglicherweise eben auch zu beschleunigen, aber es geht auf jeden Fall um Kontrolle, also Macht.
**Geißler:** Ja, auf jeden Fall geht es um Macht, zu seinen eigenen Gunsten natürlich.
**Lesch:** Ja, immer!
**Geißler:** Deshalb hat die Uhr in ihrer Geschichte auch mehrere Phasen durchgemacht. In der ersten Phase wurde sie nur als Ordnungsmittel benutzt, nicht als Beschleunigungsmittel. Man hat also den Takt als Ordnungsmittel genutzt. Der Takt war das Interessante an der Uhr, erstmal, dass da etwas vertaktet ist und damit berechenbar und kontrollierbar wird. Deshalb ist die Uhr als erstes bei den Stadtvätern, also bei den Mächtigen in den Städten angekommen. Die haben die Uhren sofort übernommen und sie an hohen Punkten angebracht, damit alle Leute sich nach diesem vertakteten Instrument richten konnten. Gestellt wurden diese Uhren privat von den Mächtigen. Jeder hat seine Uhr so gestellt, wie er sie stellen wollte und hatte den Einfluss auf die Anzahl der Bevölkerung, die sich daran orientiert hat. Deshalb mussten die so weit oben hängen, damit man sie möglichst weit sehen konnte.
**Lesch:** Das ist ja wie bei Don Camillo und Peppone!
**Geißler:** Ja, da gibt's auch Streit um die richtige Uhrzeit.
**Lesch:** Die Uhr auf dem Kirchturm gegen die Uhr am Rathaus.
**Geißler:** Genau. Und wer hat Recht?
**Lesch:** Irgendwann geht die eine Uhr eine Viertelstunde vor. Köstlich!
**Geißler:** Ja, und das machen wir ja jeden März und jeden Oktober wieder: Die Uhr wird umgestellt, und alle richten sich danach. Also immer wieder Don Camillo und Peppone!
**Lesch:** Immer wieder Don Camillo und Peppone.

**Geißler:** Und seitdem es diese verpflichtende Form gibt, sich an diesem vertakteten Modell von Zeit zu orientieren, stehen wir vor der Alternative, wie weit gehorchen wir dem Modell, also der Uhr, oder gehorchen wir unserer Natur bzw. der Natur draußen. Permanent! Das fing vor 600 Jahren an, dass jede Zeitentscheidung eine Alternativentscheidung ist. Das war davor nie der Fall, es gab keine Alternative zur Natur. Deshalb wird auch erst seit 600 Jahren über Zeit geredet.
**Forstner:** Und erst seitdem haben wir Probleme mit der Zeit?
**Geißler:** Seit dieser Zeit haben wir Entscheidungsprobleme mit der Zeit, klar, erst seit dieser Zeit. Das ist vielen Leuten überhaupt nicht bewusst. Die sind dann völlig überrascht, dass es so ist, weil sie die Vertaktung samt Uhr für natürlich halten und nun plötzlich merken, dass sie sich auch anders entscheiden könnten.
**Lesch:** Gab es so etwas wie Uhren, ich meine, Wasseruhren, Sanduhren oder ähnliches nicht schon viel früher?
**Geißler:** Ja, aber das waren …
**Lesch:** … die mechanischen Uhren, klar, die sind noch relativ jung, aber es gab doch schon …
**Geißler:** … ja, du hast Veränderungen in gewissem Maße gemessen, aber das war kein gesellschaftliches Organisationsmodell. Da hast du gemerkt, dass die Eier hart werden nach einer gewissen Zeit, und dann hast du gesagt, da brauch ich ein Instrument, um festzustellen, wann sie hart werden, und dann versuch ich, dass sie nicht hart werden. Dazu gab es die Sanduhr oder Vergleichbares. Ähnliches gab es in Klöstern für Gebetszeiten. Das war eine Ordnung, die durch die Religion vorgeschrieben war, und die Frage ist ja, wie pflichtgemäß halte ich diese Gebetszeiten ein. Aber auch diese Ordnung war rhythmisch, wie das im Islam bis heute der Fall ist. Man orientiert sich an der Helligkeit. Und wenn mal eine Gebetszeit in die Dunkelheit fällt wie in nördlichen Ländern, dann stellt sich die Frage, wie …
**Lesch:** … wie legst du sie fest?

**Geißler:** … wie gottesfürchtig bin ich, wenn ich die mal verschlafe?
**Lesch:** Ja, genau! Wenn ich an den Film »Der Name der Rose« denke und sehe die Jungs da, die Kahlen, die morgens zu ihrem Frühgebet marschieren. Und dann läuft der Eine durch und stupst die anderen an, die einschlafen, da muss es ja schon irgendeine Art von Zeiteinteilung gegeben haben, denn da war es ja richtig dunkel. Neulich hab ich von Flüchtlingen gehört, die in Norwegen gelandet sind, jenseits vom Polarkreis. Die haben natürlich ein Problem, wenn Ramadan auf den Sommer fällt und die Sonne nicht untergeht. Gegessen werden darf im Ramadan aber erst, wenn die Sonne den Horizont berührt. Also haben sie einen Imam in Stockholm gefragt, ja, was machen wir denn jetzt, und der Imam hat beschlossen, dann haltet euch an Stockholm, da geht die Sonne doch schon mal ein bisschen unter, so dass ihr dann auch etwas essen könnt.
**Geißler:** Ja, das zeigt die Verwurzeltheit der Religion mit den Zyklen der Natur von Anfang an. Oft war das – wie beim Ramadan oder auch beim Osterfest – eher nach Mondzyklen als nach Sonnenzyklen bestimmt.
**Lesch:** Ja, das ist eine ganz andere Ordnung.
**Geißler:** Die Vertaktung wurde auch nicht über religiöse Ordnung, sondern über gesellschaftliche Ordnung eingeführt. Wie bei den Stadttoren, die ja früher bei Dunkelheit geschlossen wurden. Die wurden dann plötzlich pünktlich um 6 Uhr geschlossen. Damit war eine Abstraktion von der Natur da. Das Problem war, dass die Bauern dann nicht mehr in die Stadt kamen, weil sie sich an der Sonne orientiert haben, und so mussten sie draußen übernachten und konnten überfallen werden. Es gab große Probleme damals, nachdem die Stadttore plötzlich auf Takt umgestellt wurden. Das heißt, der Bauer musste vertaktet werden, was ihm ganz schwerfiel, deshalb gibt es den Begriff der Torschlusspanik.
**Lesch:** Ha, ja, ja klar!

**Forstner:** Das stammt daher?
**Geißler:** Ja, die merkten plötzlich, oh, es wird 6 Uhr, wir müssen noch schnell in die Stadt, sonst müssen wir hier draußen übernachten. Daraus entstand das.
**Lesch:** Durchgehend! Durchdringt alles!
**Geißler:** Ja, so wurde die Vertaktung, die Uhrzeit, wie alle neuen Erfindungen, erst mal herrschaftsstabilisierend genutzt. Bisher wurde Herrschaft ja über den Raum organisiert, und jetzt kann sie plötzlich über Zeit organisiert werden. Das ist immens! Und weil die Uhr so ideal für Herrschaftsstabilisierung ist, war sie so schnell erfolgreich über diese Ordnungsfunktion.
**Lesch:** Und so entstand unsere ganze ordentliche Gesellschaft, unsere ordentliche Zeit?
**Geißler:** Ja. Als nächstes haben die Kaufleute entdeckt, dass Uhrzeit eine abstrakte, das heißt von Natur ausgeleerte Zeit ist, die sie ihrerseits mit Geld besetzen können. Für die Kaufleute war entscheidend, dass Geld durch Wachstum einen Beschleunigungseffekt hatte und dass mit der Uhr ein Gegenstand gefunden war, an dem sie immer ganz präzise messen können, wie groß die Beschleunigung ist. So kam die Beschleunigung in die Gesellschaft, und die Industriegesellschaft konnte entstehen. Das ist alles Folge dieser Vertaktung, denn Takt kann ich beschleunigen. Mit dem Rhythmus krieg ich Probleme, wenn ich ihn beschleunige, weil er sich dann qualitativ verändert. Beim Takt ändert sich qualitativ nichts.
**Lesch:** Das gipfelt schließlich in der Digitalisierung, wo dann mit Lichtgeschwindigkeit gearbeitet wird. Der Erfolg der Uhr hat doch sicherlich auch damit zu tun, dass man sie miniaturisieren konnte und wir heute nicht mehr so einen Schrankkoffer mit uns herumschleppen müssen wie der Cook, der den Venusdurchgang gemessen hat, mit einer riesen Uhr, die damals die präziseste Uhr der Welt war. Am Arm getragen ist sie ja quasi zum Teil von uns geworden.

**Geißler:** Ja, ja, und der Punkt ist, dass die Miniaturisierung mit der Individualisierung einherging, das heißt, die Uhren waren ja früher öffentliche Uhren, hauptsächlich, denn nur ganz Reiche konnten sich eigene Uhren leisten, oder man hat sie für bestimmte Zwecke in Institutionen gehabt. Aber ansonsten war es ein entscheidender Schritt, der mit der Industrialisierung einherging, dass die Einzelnen jeweils ihre Uhren hatten und damit sich selbst kontrollieren konnten. Diese Selbstkontrolle ist über die Individualisierung, über die Vereinzelung der Uhr in Gang gekommen, die wir heute flächendeckend haben: Wir kontrollieren uns immer und überall selbst.
**Lesch:** Und die öffentlichen Uhren verschwinden langsam aus dem öffentlichen Raum.
**Geißler:** Die öffentlichen Uhren brauchen wir nicht mehr, weil jeder gut selbstkontrolliert ist.
**Lesch:** Und das ist ja das Perfekte!
**Geißler:** Das ist sehr perfekt!
**Lesch:** Was Besseres gibt es gar nicht: Selbstausbeutung ist das Allerbeste!
**Geißler:** Ja, und Schuldgefühle.
**Lesch:** Immer!
**Geißler:** Die immensen Schuldgefühle, die entstehen, wenn du unpünktlich bist.
**Lesch:** Ja!
**Geißler:** Die meisten Anrufe sind Anrufe, wo die Zeit durchgegeben wird: Ich komm zu spät oder ich komm dann und dann. Da wird permanent die Zeit angesagt.
**Lesch:** Aber wir haben nicht angerufen, wir waren ziemlich pünktlich heute Morgen, obwohl wir eigentlich eine Viertelstunde zu spät waren …

# Es dauert, solange es dauert!

**Forstner:** Als ich das Gespräch für Sie aufgenommen habe ...
**Whitehead:** ... für mich?
**Forstner:** Ich konnte mir natürlich nicht sicher sein, Sie zu finden, aber ich wollte es wenigstens versuchen.
**Whitehead:** Sehen Sie, wir sollten uns viel seltener auf das vermeintlich Sichere verlassen und stattdessen viel mehr wagen.
**Forstner:** Na ja, ob ich so viel gewagt habe? Letztlich hat es eben einfach nur gedauert.
**Whitehead:** Aber das mussten Sie erst einmal aushalten.
**Forstner:** Ja, zumal mit Takt und Beschleunigung da wenig zu machen war. Ich war gezwungen, den richtigen Rhythmus zu finden. Also, diese Spannung zwischen Takt und Rhythmus, wie sie von Geißler und Lesch thematisiert wird, hat mich schon beim Aufnehmen des Gesprächs an Ihre Theorie der Zeit denken lassen, allerdings nur vage, und es mag mir nicht gelingen auszudrücken, wie beides zusammenhängen könnte.
**Whitehead:** Hm, das ist auch nicht so offensichtlich, weil ich diese Begriffe nicht verwendet habe. Aber letztlich ist es auch egal, welche Begriffe man verwendet, solange es gelingt auszudrücken, was man meint. Hier also Rhythmus und Takt. Ja, da vermuten Sie schon richtig, ich denke tatsächlich ähnlich darüber.
**Forstner:** Sie machen aber eher die Naturwissenschaften und weniger die Herrschenden und die Ökonomie – wie das bei Professor Geißler der Fall ist – dafür verantwortlich, dass wir heute diese vertaktete Vorstellung von Zeit haben.
**Whitehead:** Ja, aber das ist vermutlich nur die andere Seite derselben Medaille, denn damit eine Idee sich in einer Gesellschaft durchsetzten kann, muss sie viele, vielleicht sogar alle

Bereiche erobern, und da gehören dann auch die Wissenschaften dazu.
**Forstner:** Verstehe, unsere Gesellschaft ist also durchgängig vom Takt, von Vertaktung beherrscht?
**Whitehead:** Leider scheint das so zu sein. Und Takt basiert ja auf nichts anderem als auf Zeitpunkten, denn mit zwei definierten Zeitpunkten kann ein Takt bestimmt werden. Zum Beispiel ergibt sich aus den Zeitpunkten 12:15 Uhr und 12:30 Uhr ein Viertelstundentakt. Takt ist damit ebenso eine Abstraktion wie Zeitpunkte und Materie.
**Forstner:** Und Rhythmus?
**Whitehead:** Er gehört zu den konkreten Ereignissen, die auch tatsächlich in der Welt vorkommen. Hier geht es um Zeiträume, ums Dauern, wie gesagt. Ein Ereignis braucht eine bestimmte individuelle Dauer, um zu werden. Es braucht seine eigene Epoche, und die existiert nicht unabhängig vom Ereignis.
**Forstner:** Ihre Ideen hierzu werden heute übrigens als *epochale Theorie der Zeit* bezeichnet.
**Whitehead:** Ach!? – Jedenfalls lassen sich Epochen nicht zwischen zwei Zeitpunkte einsperren. Und Rhythmus ergibt sich schließlich aus solchen Epochen. Nehmen Sie das Ereignis der Kastanienblüte: Mal dauert es bis Mai, bis die Kastanienbäume blühen, manchmal aber auch nur bis Ende April. Ein exakter Zeitpunkt lässt sich da beim besten Willen nicht ausmachen, auch kein Takt, dagegen treffen wir auf Zeiträume, auf individuelle Epochen bzw. auf Rhythmen und Zyklen, wie es Professor Geißler nennt.
**Forstner:** Also immer wieder: Es dauert, solange es dauert?
**Whitehead:** Ja, denn die Dauer ist die konkrete Wirklichkeit, nicht der Zeitpunkt!
**Forstner:** Spätestens seit es meine Tochter gibt, ist mir das sehr bewusst. Sie interessiert sich kein bisschen für Zeitpunkte wie den Schulbeginn um 8 Uhr.

**Whitehead:** Das klingt jetzt aber wenig verständnisvoll.
**Forstner:** Mag sein, aber es ist oft einfach nur anstrengend, ein Kind zu verpünktlichen. Die Schule fängt nun mal um 8 Uhr an und nicht erst dann, wenn die junge Dame dazu bereit ist.
**Whitehead:** Ja, ich erinnere mich vage, wie das bei meinen drei Sprösslingen war. Aber vielleicht gelingt es Ihnen, solche Situationen ab und zu als Chance zu begreifen.
**Forstner:** Chance?
**Whitehead:** Ja, durchaus! Denn Ihre Tochter führt Ihnen immer wieder vor Augen, was konkret und was abstrakt ist. Sie müssen sich mit den abstrakten Zeitpunkten arrangieren, keine Frage! Daran wird sich so schnell nichts ändern, davon kann man auch ohne besondere Gabe für Voraussicht ausgehen. Aber Sie können diese Abstraktion immer wieder als solche entlarven. Ziehen Sie die Zeitpunkte, samt Takt und Uhrzeit, immer wieder auf den Boden der konkreten Ereignisse, und Sie werden sehen, dass sie – wenigstens manchmal – an Macht und Einfluss verlieren.
**Forstner:** Sie meinen, ich soll das Flugzeug viel öfter landen lassen? Das klingt mehr nach einer Zusatzaufgabe als nach einer Entlastung.
**Whitehead:** Möglich, wenigstens am Anfang. Aber denken Sie an das, was wir über Routine gesagt haben.
**Forstner:** Ich soll es mir also zur lieben Gewohnheit werden lassen, dann muss ich nicht mehr darüber nachdenken?
**Whitehead:** Nur bedingt, denn es gibt keinen Ersatz fürs Denken! Was ich meine, ist, dass es sich lohnt, eine gewisse Sensibilität für das Abstrakte und das Konkrete zu entwickeln, erst recht, wenn es um Zeit geht. Sich das zur Routine zu machen, wäre ein schönes Ziel. Aber das Nachdenken kann Ihnen keiner abnehmen.
**Forstner:** Das ist mir jetzt schon wieder zu abstrakt. Mal konkret: Es ist Montagmorgen zwanzig vor acht, und das

Fräulein Tochter ist immer noch nicht angezogen. Der Schulweg dauert je nach Tagesform wenigstens 20 Minuten. Was soll mir da die Erkenntnis bringen, dass ich nur einer Abstraktion folge?
**Whitehead:** In der konkreten Situation vermutlich wenig, da können Sie Ihre Tochter nur zur Eile mahnen und gegebenenfalls ihr Zuspätkommen in der Schule entschuldigen. Aber vielleicht haben Sie auf dem Rückweg von der Schule kurz Zeit zum Nachdenken?
**Forstner:** Ja, ein wenig.
**Whitehead:** Dann führen Sie sich vor Augen, was eben passiert ist, nämlich, dass Sie eine Abstraktion als etwas Konkretes behandelt haben.
**Forstner:** Ja, dass ich mal wieder der Abstraktion »8 Uhr Schulbeginn« hörig war.
**Whitehead:** Sarkasmus[36] hilft da nicht weiter und macht nur verbittert. Nehmen Sie es einfach wahr und beim nächsten Mal wieder, und irgendwann verliert die Abstraktion an Einfluss und Macht. Sie müssen der Abstraktion folgen, darin sind Sie nicht frei, solange Sie in Ihrer Gesellschaft leben – und das steht offenbar auch nicht zur Debatte, oder?
**Forstner:** Nein, ich bin wohl eher kein Aussteiger ...
**Whitehead:** ... trotzdem entscheiden Sie allein, über Ihre individuelle Sicht auf die Dinge, also auch darüber, was Sie von der Abstraktion Zeitpunkt bzw. Uhrzeit halten. Sie können sie als absolute, gottgegebene Größe betrachten oder als von uns Menschen gemachtes Ordnungsinstrument, fehlerhaft und unzulänglich wie alles Menschliche.
**Forstner:** Uhrzeit als unvollkommenes Instrument?
**Whitehead:** Ja!
**Forstner:** So betrachtet, müsste ich meiner Tochter zumindest nicht vorwerfen, dass sie trödelt, sondern nur, dass sie die Unvollkommenheit der Uhrzeit entlarvt. Das ist doch schon was, oder?

**Whitehead:** Durchaus, und warum sprechen Sie nicht einmal mit ihr über all das? Lassen Sie nicht wieder einen Menschen heranwachsen, der nicht zwischen Abstraktion und konkreter Wirklichkeit unterscheiden kann. Vielleicht gelingt es der nächsten Generation, etwas Besseres, etwas Wirklicheres als die Uhrzeit zu finden.
**Forstner:** Sie sind und bleiben ein unverbesserlicher Optimist!
**Whitehead:** Unbedingt, denn die Abenteuer der Ideen gehen weiter, und wir können einen unsterblichen Beitrag dazu leisten. Vielleicht können wir sogar Gott beeinflussen ...
**Forstner:** Oh ja, also jetzt ... Es tut mir leid, aber ich muss jetzt gehen. Ich werde mich also nach außen der Uhrzeit beugen, und vielleicht gelingt es mir, das künftig mit etwas mehr Gelassenheit zu tun. Und wenn ich mal wieder scheitere, dann wahrscheinlich nur, weil die Wirklichkeit, die konkreten Ereignisse sich Vorrang vor der Abstraktion verschafft haben. Und die Sache mit Gott ...
**Whitehead:** ... gehen wir ein anderes Mal an!
**Forstner:** Mal sehen ... jedenfalls herzlichen Dank!
**Whitehead:** Ich habe zu danken, dass Sie gekommen sind! Und ich meine das übrigens sehr ernst mit einem Wiedersehen ...
**Forstner:** Das könnte aber dauern.
**Whitehead:** Es dauert, solange es dauert!
**Forstner:** Also dann, auf Wiedersehen!
**Whitehead:** Auf Wiedersehen und kommen Sie gut zurück!

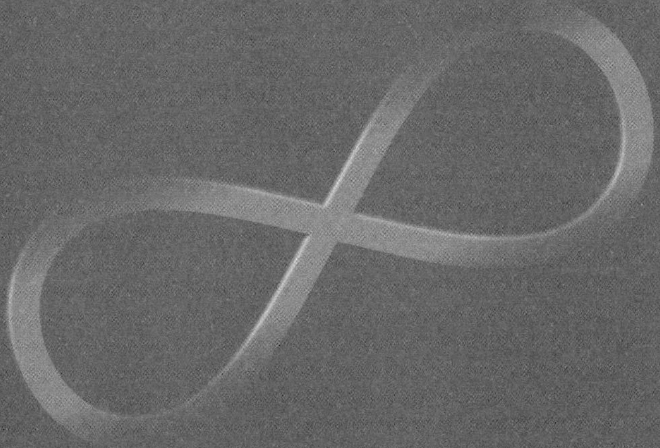

# WHITEHEAD, WARUM ER?
## SCHLUSSWORT VON HARALD LESCH

Alfred North Whitehead war mutig, sehr mutig. Er hat sich getraut, einen metaphysischen Entwurf über die Welt zu entwickeln. Das geschah in den 20er- und 30er-Jahren des letzten Jahrhunderts. Zu einer Zeit also, als das Fundament der heutigen Naturwissenschaft: Struktur der Materie, Entwicklung des Lebens und Entwicklung des Universums, gelegt wurde. Während die Wissenschaft von und über die Natur in einem wahren Siegeszug von Triumph zu Triumph eilte, dachte Whitehead bereits über ihre Grenzen und Probleme nach. Und formulierte höchst interessante und originelle Thesen, warum wir große Verständnisprobleme mit der Quantenmechanik, der Relativitätstheorie und letztlich auch der Kosmologie haben. In seinem metaphysischen Entwurf steht, ganz im Gegensatz zur rein reproduktiven und damit zeitunabhängigen experimentellen Methode der Laborforschung, die Wirklichkeit. Und zwar die ganze Wirklichkeit, auch die Teile der Realität, die sich nicht messen lassen, zumindest mit den Messgeräten und Verfahren der Physik, Chemie oder Kosmologie. Für Whitehead geht es um das Sein des Seins, und das war für ihn immer nur zeitlich zu denken. Die Zeit ist Dauer, und jeder Prozess in der Welt braucht eine gewisse Zeit. Substanzen sind hingegen zeitfrei. Schon deshalb ist Whiteheads Philosophie eine Metaphysik der Zeit.

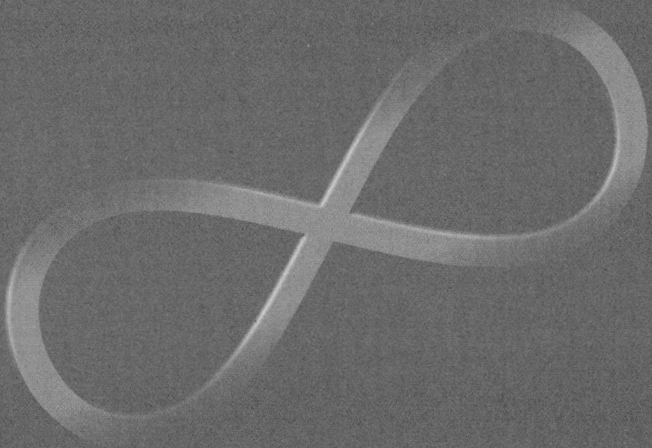

# LITERATUR

*Sollte es uns gelungen sein, Ihr Interesse an Whitehead über das Thema Zeit hinaus geweckt zu haben, dann würden wir Ihnen gerne folgende weiterführende Literatur ans Herz legen.*

## ... über Whitehead

Hampe, Michael (1998): Alfred North Whitehead. München: C. H. Beck (Beck'sche Reihe 547, Denker).
*Eine gelungene und gut lesbare Einführung in das Leben und Werk Whiteheads – und (leider) immer noch die einzige auf dem deutschen Buchmarkt.*

Lowe, Victor (1985): Alfred North Whitehead. The Man and His Work. Volume I: 1861–1910. Baltimore, London: Johns Hopkins University Press.
*Die Whitehead-Biographie schlechthin! Wunderbar einfühlsam und genau recherchiert – leider (bisher) ohne deutsche Übersetzung.*

Price, Lucien (1954): Dialogues of Alfred North Whitehead. As Recorded by Lucien Price, with a Foreword by Caldwell Titcomb and an Introduction by Sir David Ross. Jaffrey, New Hampshire: David R. Godine 2001 (A Nonpareil book).
*Dialoge mit dem echten Whitehead, beginnend 1934 bis wenige Wochen vor seinem Tod 1947, meist zu Hause bei ihm und seiner Frau Evelyn, mit vielen anderen Gesprächspartnern, über Gott und die Welt, mal privat, mal politisch, mal philosophisch, mal ernst, oft humorvoll und immer anregend – leider auch ohne Aussicht auf eine deutsche Übersetzung.*

# ... von Whitehead

*Die Werke Whiteheads, die in den fiktiven Dialog mit ihm eingeflossen sind, in der Reihenfolge ihres Erscheinens:*

(1917) The Organisation of Thoughts, Educational and Scientific. Westport, Connecticut: Greenwood Press 1974.
*Eine deutsche Übersetzung gibt es leider nicht.*

(1920) The Concept of Nature. The Tarner Lectures Delivered in Trinity College November 1919. Teddington: Echo Library 2006.
*Deutsche Übersetzung von Julian von Hassel: Der Begriff der Natur. Mit einem Essay von Reinhard Löw. Weinheim: Wiley-VCH 1990 (Acta Humaniora: Schriften zur Naturphilosophie, Band 5).*

(1925) Science and the Modern World. Lowell Lectures, 1925. New York: Free Press 1967.
*Deutsche Übersetzung von Hans Günter Holl: Wissenschaft und moderne Welt. Frankfurt am Main: Suhrkamp 1988.*

(1929) Process and Reality. An Essay in Cosmology. Gifford Lectures Delivered in the University of Edinburgh During the Session 1927–28. Corrected Eddition, Edited by David Ray Griffin and Donald W. Sherburne. New York: Free Press 1978.
*Deutsche Übersetzung von Hans Günter Holl: Prozeß und Realität. Entwurf einer Kosmologie. Mit einem Nachwort von Hans Günter Holl. Frankfurt am Main: Surkamp 1987.*

Dazu: Sherburne, Donald W. (1966): A Key to Whitehead's Process and Reality. Chicago: University of Chicago Press 1981.

*Die Abkürzung zu Whiteheads sperrigem Hauptwerk: Nur die wichtigsten Stellen, ergänzt mit kurzen Erläuterungen, dazu ein umfangreiches Glossar zu Whiteheads Begriffen und Wortneuschöpfungen – wartet auch immer noch auf eine deutsche Übersetzung.*

(1933) Adventures of Ideas. New York: The Free Press 1967. *Deutsche Übersetzung von Eberhard Bubser: Abenteuer der Ideen. Einleitung von Reiner Wiehl. Frankfurt am Main: Suhrkamp 2000.*

# Glossar

Whitehead hatte häufig große Probleme damit, seine Ideen in Worte zu fassen. Manche Wörter gab es schlichtweg nicht, und er musste neue erfinden *(actual entity)*, oder er musste geläufigen Wörtern (Gott) eine neue Bedeutung geben. Einige Beispiele dazu finden sich auch in unseren Dialogen:

### Actual Entity
ist ein Schlüsselbegriff in Whiteheads Metaphysik. In ihm steckt die Antwort auf die zeitlose philosophisch-religiös-wissenschaftlich-menschliche Frage nach den letzten realen Dingen, aus denen die Welt besteht. Deutsche Übersetzer machen daraus zumeist ›wirkliche Einzelwesen‹, was den Begriff leider verzerrt, anstatt ihn zu erklären. Whitehead selbst verwendet synonym den Begriff **Actual Occasion**, der viel zugänglicher mit ›wirkliches bzw. reales Ereignis‹ übersetzt werden kann. Die letzten Fakten, die diese Welt ausmachen, sind also für Whitehead weder Materie noch Ideen, aber auch nicht Gott, sondern ausnahmslos komplexe, ineinander verwobene Ereignisse. **Drops of Experience** (Erfahrungströpfchen) nennt er sie auch und zeigt damit ganz nebenbei, dass er durchaus auch anschaulich schreiben kann. (Vgl. Whitehead 1929, S. 18)

### Concrescence und Transition
sind Whiteheads Begriffe, wenn es um die komplexen Prozesse rund um das Werden und Vergehen seiner letzten Dinge, seiner *actual entities* bzw. *actual occasions* geht.
**Concrescence** bedeutet ›Konkretisierung‹ und meint das individuelle Werden eines neuen konkreten Ereignisses (*actual entity / actual occasion*). Die gesamte Vergangenheit, alles, was sich bisher ereignet hat, beeinflusst dieses neue Werden. Aber das neue Ereignis ist nicht einfach die unentrinnbare Folge des

Vergangenen, sondern jedes neue Ereignis verfolgt sein eigenes subjektives Ziel (*subjective aim*). Das erst ermöglicht ihm, Vergangenes zu bewerten, also individuell zwischen Prägendem und Belanglosem zu unterscheiden und so zu einem neuen unverwechselbaren Ereignis zu werden (*satisfaction*).

**Transition** bedeutet ›Übergang‹ und zwar von einem konkreten Ereignis (*actual entity / actual occasion*) zum nächsten, wodurch eben noch Gegenwärtiges zu Vergangenem und eben noch Zukünftiges zu Gegenwärtigem wird. Es ist auch ein Übergang von subjektivem Vergehen zu objektiver Unsterblichkeit; denn das eine Ereignis, verstanden als Subjekt, vergeht, während das neue Ereignis wird. Für dieses neue Werden ist das vergangene Ereignis ein unveränderbares Objekt, das berücksichtigt werden muss. Und egal, ob das Vergangene letztlich prägend oder belanglos ist für das, was kommt: Das Vergangene bleibt, es ist objektiv unsterblich. (Vgl. Whitehead 1929, S. 210 ff.)

**Extensive Continuum,**
so nennt Whitehead das, was wir gewöhnlich ›Raum‹ nennen, nur dass Whiteheads Raum natürlich nicht ›gewöhnlich‹ ist, er umfasst vielmehr die ausgedehnte Welt als Ganzes, mit all ihren Relationen und Vernetzungen. Die einzelnen Ereignisse (*actual entities / actual occasions*) unterteilen dieses abstrakte ›Kontinuum‹ und machen es so erst konkret. Ohne die konkreten Ereignisse ist Whiteheads ›extensives Kontinuum‹ nicht wirklich, sondern gibt nur die Möglichkeiten vor, wie ein Ereignis existieren kann, nämlich ›ausgedehnt‹, also in vielfältiger Relation zu allen anderen Ereignissen. Mit anderen Worten: Whiteheads Raum ist niemals leer. (Vgl. Whitehead 1929, S. 61 ff.)

### Fallacy of Misplaced Concreteness

wird im Deutschen zu ›Trugschluss der deplatzierten Konkretheit‹ und bleibt damit ein äußerst sperriger, ja unverständlicher Begriff. Dabei geht es Whitehead eigentlich um etwas ganz Alltägliches, denn wir alle verwechseln zuweilen das Abstrakte mit dem Konkreten. Das tun wir, wenn wir den abstrakten Begriff der Zeit mit der Uhrzeit gleichsetzen, sie dann für die konkrete Wirklichkeit halten und sie nicht weiter hinterfragen.

Genau an dieser Stelle beginnt für Whitehead die ureigene Aufgabe der Philosophie: Sie soll weiter fragen! Sie soll fragen, ob wir unsere abstrakten Begriffe mit den ›richtigen‹ konkreten Inhalten füllen, ob diese Inhalte dazu taugen, unsere Erfahrungen abzubilden. Spätestens hier finden wir auch einen Grund dafür, dass Whitehead neue Begriffe brauchte: Die vorhanden (abstrakten) Begriffe (Zeit, Raum, Ding, Gott) waren und sind mit Inhalten gefüllt, die unserem Erleben zu wenig gerecht werden, weil erhebliche Teile der erlebten Wirklichkeit ausgeklammert wurden und werden – denn das ist ja auch einfacher, als sich mit der schier unendlichen Komplexität dieser unserer Welt auseinanderzusetzen. (Vgl. Whitehead 1925, S. 58f.)

### God,

Gott ist ein Begriff, den Whitehead beibehalten hat, obwohl er damit keinem der gängigen Gottesbegriffe folgt. Aber eben weil es ohnehin schon so viele unterschiedliche Vorstellungen von dem gibt, was Gott sein könnte, sah Whitehead sich auch nicht gezwungen, ein neues unverbrauchtes Wort zu erfinden, sondern hielt es offenbar für ungleich spannender, einen Gott whitehead'scher Prägung anzubieten.

Zuallererst ist Whiteheads Gott nichts jenseits der Welt, sondern lediglich ein herausragendes Beispiel von Existenz (*actual entity*). Gott gewährleistet, dass der Fortgang der Welt ein kreativer Prozess ist und bleibt, in dem immer wieder Neues entsteht. Diese neuen Möglichkeiten kommen nicht aus dem

Nichts, sondern sie kommen von Gott. Aber Whiteheads Gott ist nicht einfach ein statischer Raum der Möglichkeiten, nein, Gott selbst folgt dem ewigen Werden, indem er an den Ereignissen (*actual entities*) der Welt teilhat, sie sozusagen ›miterlebt‹. In Whiteheads Sprache, die durchaus auch poetisch sei kann, liest sich das dann so: *God is the great companion – the fellow-sufferer who understands.* ›Gott ist der großartige Kamerad – der Leidensgefährte, der alles versteht.‹ (Vgl. Whitehead 1929, S. 351)

# Anmerkungen

1 Whitehead (1929): Die Ordnung der Natur, S. 206, in: Prozess und Realität.
2 Vgl. Whitehead (1929): Speculative Philosophy, S. 4 und 11f., in: Process and Reality.
3 Vgl. Whitehead (1925): Science and the Modern World, S. 59.
4 Vgl. Whitehead (1929): The Order of Nature, S. 97, in: Process and Reality.
5 Vgl. Whitehead (1929): The Extensive Continuum, S. 67, in: Process and Reality.
6 Vgl. Whitehead (1929): Speculative Philosophy, S. 5, in: Process and Reality.
7 Vgl. Lucien Price (1954): Dialogues of Alfred North Whitehead, S. 59.
8 Adventures of Ideas (1933) ist der Titel von Whiteheads drittem metaphysischen Werk nach Science and the Modern World (1925) und Process and Reality (1929).
9 Vgl. Whitehead (1925): The Century of Genius, S. 50f., in: Science and the Modern World.
10 Vgl. Michael Hampe (1998): Abschaffung der Materie, S. 61, in: Alfred North Whitehead.
11 »We must not expect simple answers to far-reaching questions.« [Whitehead (1929): Final Interpretations, S. 342, in: Process and Reality]
12 Vgl. Whitehead (1920): The Concept of Nature, S. 38.
13 Vgl. Whitehead (1925): Science and the Modern World, S. 49 und 58.
14 Vgl. Whitehead (1925): The Century of Genius, S. 44 und 51, in: Science and the Modern World.
15 »... we live in durations not in instants ...« [Whitehead (1917): The Organisation of Thoughts, Educational and Scientific, S. 144f.]
16 Vgl. Whitehead (1920): Time, S. 30ff., in: The Concept of Nature. Whitehead (1925): Science and the Modern Word, S. 65.
17 Vgl. Whitehead (1925): Relativity, S. 122f., in: Science and the Modern World.
18 Vgl. Whitehead (1929): Organisms and Environment, S. 124f. und 128, in: Process and Reality.

19  Vgl. Whitehead (1925): Relativity, S. 126, in: Science and the Modern World.
    Whitehead (1929): The Extensive Continuum, S. 69, in: Process and Reality.
20  Vgl. Whitehead (1920): The Concept of Nature, S. 31.
21  Vgl. Whitehead (1920): Time, S. 36, in: The Concept of Nature.
22  Vgl. Whitehead (1933): Objects and Subjects, S. 181, in: Adventures of Ideas.
23  Vgl. Whitehead (1933): Past, Present, Future, S. 192, in: Adventures of Ideas.
24  Vgl. Whitehead (1933): Objects and Subjects, S. 178–181, in: Adventures of Ideas.
25  »Cut away the future, and the present collapses, emptied of its proper content.« [Whitehead (1933): Past, Present, Future, S. 191, in: Adventures of Ideas]
26  Vgl. Whitehead (1933): Past, Present, Future, S. 192f., in: Adventures of Ideas.
27  Vgl. Whitehead (1933): Past, Present, Future, S. 194f., in: Adventures of Ideas.
28  »But there can be no preparation for the unknown.« [Whitehead (1933): Foresight, S. 93, in: Adventures of Ideas]
29  Vgl. Whitehead (1933): Foresight, S. 90, in: Adventures of Ideas.
30  »By myself I am only one more professor, but with Evelyn I am first-rate.« [Lucien Price (1954): Evenings at the Whiteheads', S. 9, in: Dialogues of Alfred North Whitehead]
31  »The safest general characterization of the European philosophical tradition is that it consists of a series of footnotes to Plato.« [Whitehead (1929): Fact and Form, S. 39, in: Process and Reality]
32  Vgl. Whitehead (1929): Process, S. 210f., in: Process and Reality.
33  Vgl. Whitehead (1929): Process, S. 214, in: Process and Reality.
34  Vgl. Whitehead (1929): Ideal Opposites, S. 340f., in: Process and Reality.
35  Vgl. Whitehead (1929): God and the World, S. 347, in: Process and Reality.
36  Vgl. Lucien Price (1954): The Spirit of Irony, S. 260ff., in: Dialogues of Alfred North Whitehead.

# DIE GESPRÄCHSPARTNER

… des echten Dialogs

… des fiktiven Dialogs

# Karlheinz A. Geißler

wurde 1944 in Deuerling, Oberpfalz, geboren. Nach dem Studium der Philosophie, Ökonomie und Pädagogik in München arbeitete er zunächst als Berufsschullehrer, dann in Forschung und Lehre an den Universitäten in Karlsruhe, Augsburg und München. Von 1975 bis zu seiner Emeritierung 2006 war er Professor für Wirtschaftspädagogik an der *Universität der Bundeswehr* in München. Er ist Mitgründer und Leiter des Projekts *Ökologie der Zeit* der Evangelischen Akademie Tutzing und Mitgründer der *Deutschen Gesellschaft für Zeitpolitik*. Er leitet das Institut für Zeitberatung *timesandmore* und ist als Autor, Vortragender und Zeitberater tätig. Geißler hat keinen Führerschein und lebt seit 25 Jahren ohne Uhr. Er ist verheiratet, hat zwei erwachsene Kinder und lebt in München.

# Harald Lesch

wurde 1960 in Gießen, Hessen, geboren. Er studierte Physik und als Nebenfach Philosophie in Gießen und Bonn. Er arbeitete in Forschung und Wissenschaft, war Gastprofessor an der Universität in Toronto, Kanada, und ist seit 1995 Professor für Astrophysik an der *Ludwig-Maximilians-Universität* in München. Zudem unterrichtet er Naturphilosophie an der *Hochschule für Philosophie* München. Seine Hauptforschungsgebiete sind kosmische Plasmaphysik, Schwarze Löcher und Neutronensterne. Als Wissenschaftsjournalist, Fernsehmoderator und Sachbuchautor vermittelt er komplexe wissenschaftliche und philosophische Sachverhalte, kurz, er redet über Gott und die Welt. Lesch ist verheiratet, hat einen erwachsenen Sohn und lebt in München.

# Alfred N. Whitehead

wurde 1861 in Ramsgate, Südengland, geboren. Er studierte Mathematik in Cambridge, wo er anschließend 26 Jahre lang als (einfacher) Dozent unterrichtete. Wenige Monate vor seinem 50. Geburtstag gab er diesen sichern, aber unbefriedigenden Job auf, verließ das »verstaubte« Cambridge und ging auf gut Glück mit seiner Frau und den drei Kindern nach London. Dort gelang es ihm recht schnell, wieder eine Dozentenstelle zu bekommen. Auf die ersehnte Professorenstelle musste er allerdings noch bis 1914 warten. Er lehrte nun angewandte Mathematik und verfasste naturphilosophische Schriften. Als eigentlich schon seine Emeritierung bevorstand, erhielt er einen Ruf an die Universität Harvard, USA. Er war 63 Jahre alt, als er mit seiner Frau Evelyn England den Rücken kehrte und Professor für Philosophie an der Universität Havard wurde. Seine Abschiedsvorlesung *Immortality* hielt er dort erst 17 Jahre später. Whitehead starb 1947.

# Ursula Forstner

wurde 1966 in München, Bayern, geboren. Sie studierte zunächst Mathematik, wechselte aber schon bald zur Geographie. Sie arbeitete in der Unternehmensberatung, in der Planung und schließlich als Eventmanagerin. Nach 13 Jahren gab sie ihren Job auf und ging zusammen mit ihrem Mann nach Kalifornien. Dort reifte der Entschluss, doch noch ein »brotloses« Philosophiestudium zu wagen. Wieder in Deutschland studierte sie an der *Hochschule für Philosophie* in München und lernte dort Alfred N. Whitehead und Harald Lesch kennen. Sie lebt mit Mann und Tochter in München.

# Begründet staunen

Harald Lesch / Christian Kummer
**Wie das Staunen ins Universum kam**
Ein Physiker und ein Biologe über kleine Blumen und große Sterne

190 Seiten
mit 40 Bildern
Hardcover mit Schutzumschlag
mit Goldprägung, 14 x 22 cm
ISBN 978-3-8436-0723-0

**Auch als eBook**

Was versetzt einen Biologen und einen Astrophysiker gleichermaßen in Staunen? In diesem Fall handelt es sich weder um gezüchtete Organe noch um eine Spiralgalaxie, sondern um eine unscheinbare blaue Blume. Ausgelöst durch die Faszination an der Traubenhyazinthe, machen sich die beiden die Gründe für ihr Staunen bewusst – und kommen dabei aus dem Staunen nicht mehr heraus.
Mit Witz, Augen fürs Detail und faszinierenden Fotos erklären die Wissenschaftler den Weg vom Urknall bis zu der kleinen Blume im eindrucksvollen Schnelldurchlauf. Dabei ergründen sie ganz nebenbei das Wunder des Lebens.

**PATMOS**
www.patmos.de